法科大学生心理素质提升

刘希庆　胡佳丽　著

知识产权出版社
全国百佳图书出版单位
—北京—

图书在版编目（CIP）数据

法科大学生心理素质提升/刘希庆，胡佳丽著． —北京：知识产权出版社，2020.6
ISBN 978-7-5130-6928-1

Ⅰ.①法… Ⅱ.①刘…②胡… Ⅲ.①大学生—心理素质—素质教育—高等学校—教材 Ⅳ.①G444

中国版本图书馆 CIP 数据核字（2020）第 081735 号

责任编辑：常玉轩　　　　　　　　　　责任校对：王　岩
封面设计：陶建胜　　　　　　　　　　责任印制：孙婷婷

法科大学生心理素质提升
刘希庆　胡佳丽　著

出版发行：	知识产权出版社有限责任公司	网　址：	http://www.ipph.cn
社　址：	北京市海淀区气象路50号院	邮　编：	100081
责编电话：	010-82000860 转 8572	责编邮箱：	changyuxuan08@163.com
发行电话：	010-82000860 转 8101/8102	发行传真：	010-82000893/82005070
印　刷：	北京九州迅驰传媒文化有限公司	经　销：	各大网上书店、新华书店及相关专业书店
开　本：	787mm×1092mm 1/16	印　张：	11
版　次：	2020年6月第1版	印　次：	2020年6月第1次印刷
字　数：	133千字	定　价：	58.00元
ISBN 978-7-5130-6928-1			

出版权专有　侵权必究
如有印装质量问题，本社负责调换。

前 言

随着社会的发展，满足了物质需求之后，人们开始逐步探索自己的内心世界和精神世界，追求更高层次的幸福。按照马斯洛的需求层次理论，人们在满足了生理需求和安全需求的基础上，会追求归属需求、尊重需求和自我实现的需求。当前中国人的需求已经上升到心理与精神层面的需求。

作为青年群体中文化层次比较高的一部分，大学生对自我的探索、对心理和精神层面的探索具有更高的要求。探索大学生当前心理和精神需求的规律和特点，对于帮助他们正确认识自我，适应大学生活以及适应将来的家庭和职业生活都具有重要的意义。

法学专业大学生（以下简称法科大学生）作为大学生的一部分，将来很大可能会在公安局、检察院、法院等系统从事工作，不论在学习的阶段还是将来走上工作岗位，他们会更多地接触到社会和人性的黑暗面。有一个健康的心理对他们来说是非常重要的。

因此，本书以法科大学生为主要研究对象，分析他们的心理素质特点与心理问题，并提出提升法科大学生心理素质的具体途径和方法，以供从事法科大学生心理健康教育的工作人员参考，同时也可以作为开设相关课程的参考书目。

目 录

第一部分 法科大学生心理素质特点 1

第一章 法科大学生心理素质特点分析 / 3

一、法科大学生心理素质特点分析 / 5

二、法科大学生心理问题特点分析 / 8

三、法科大学生心理问题的原因分析 / 13

第二章 法科大学生典型心理问题分析 / 17

一、空心病 / 19

二、为什么生活得这么好,还是得了心理疾病 / 33

第二部分 法科大学生心理素质提升的途径 37

第三章 构建以内容输出为主的心理健康教育体系 / 39

一、重视课堂教学,发挥课堂教学的主渠道作用 / 41

二、完善心理健康教育工作体系 / 51

第四章　构建以心理咨询为主的学生心理问题解决体系 / 57

　　一、高校心理咨询概述 / 59

　　二、法科高校心理咨询工作的建设 / 60

　　三、法科高校心理咨询规范化与专业化建设 / 63

第五章　构建以学生骨干为主的朋辈心理辅导体系 / 67

　　一、发挥心理委员的积极作用 / 69

　　二、指导心理协会作为活动阵地 / 76

第六章　构建以处理突发事件为主的心理危机干预体系 / 77

　　一、法科大学生心理危机干预体系的功能 / 79

　　二、法科大学生心理危机干预体系的结构 / 80

第三部分　法科大学生心理素质提升的内容与方法　85

第七章　建立积极健康的思维模式 / 87

　　一、为什么消极想法这么多 / 89

　　二、我们的想法并不总是客观的、现实的 / 90

　　三、消极想法的运转方式 / 92

　　四、法科大学生常见的消极想法 / 101

　　五、消极想法的矫正 / 106

第八章　学会情绪调控 / 119

　　一、负性情绪的本质 / 121

　　二、负性情绪的功能 / 122

　　三、纯净的痛与污染的痛 / 126

　　四、如何与负性情绪相处 / 129

五、真接纳与伪接纳 / 140

第九章　明确价值方向 / 143

一、认识价值方向 / 145

二、探索价值方向 / 151

三、明确价值方向后，可以采取哪些努力 / 165

四、努力后是否取得成功，这重要吗？ / 167

第一部分

法科大学生心理素质特点

第一章

法科大学生心理素质特点分析

一、法科大学生心理素质特点分析

相关研究表明，法科大学生心理素质整体水平较高，符合大学生的角色特点。健康、积极、向上是其主要特点，但在一定程度上也有落后、消极、不符合其角色要求的方面。

（一）自我认识

法科大学生对自我的认识客观、全面、清晰、深刻，以肯定性评价为主，具备较强的内省力、自主性、认同感和自我力量。

内省力强。法科大学生善于觉察、分析自我，能够通过具体的事件明确自己的优势和劣势，具有较强的自我效能感；能够冷静客观地看待自己的家庭与成长史，理解自己与环境之间的关系。

自主性强。法科大学生能够主动选择自己的生活方式，拒绝不良的诱惑；做事有较强的计划性，考虑周全，能够自觉地对自己的行为、情感和思想进行控制；能够合理安排自己的时间，规划自己的学习生活，制定合理、现实的学习目标。

认同感强。法科大学生能认同当代社会主流的价值观和文化，并将其内化为自己的价值观；会根据自己内在的完整性与真实性来判定"我是谁"，按照自己的价值观生活；能认同国家的法律法规、道德规范，认同学校的校规、校训，自觉遵守学校的各项规章制度；他们对自己的外貌、身体等生理自我认识更为深刻，能接受自己先天的外貌和身体条件；除了能正确认知自己的生理自我外，他们更注重自我素质和能力的提升，除了学好专业课外，他们更多地参加与法律职业相关的活动，比如通过辩论赛、模拟法庭、法律援助、演讲比赛等途径来提升自己的专业能力。

自我力量较强。法科大学生能以现实的、适宜的方式处理学习生活中遇到的挫折，能够直面生活的艰难和挫折，而不沉溺于崩溃或毁灭的内心体验；对于现实有正确的认识，既不过于乐观也不过于悲观；既不因过度或非理性的愧疚而崩溃，也不因鲁莽或感情用事而受困。

但法科大学生在自我认识方面也存在一定的问题，比如理想自我与现实自我的冲突，自我否定较多，过于依赖外在评价维持自己的自尊等。

（二）人际交往能力

人类的联系无处不在，我们无时无刻不处于人际关系系统中。而对于法科大学生而言，他们正处在青春热情、自信蓬勃、精力旺盛、极具独立意识、勇于探索的年龄阶段，他们内心深处更渴望了解和接触，渴望参与人际交往以及社会活动。

法学专业院校的实践性较强，学生的就业方向主要为公安局、检察院、法院等公务部门，除此之外，学生也会从事律师等职业。这些特点决定了这些院校的一些传统和氛围，即学校更开放，更灵活，与社会联系广泛。这些特点也要求学生具备更好的人际交往能力和人际沟通能力。因此，法科大学生更热衷于人际交往能力的训练，他们热衷于参加各种社团活动以及社会活动，利用各种途径来提升自己的交往能力。

法科大学生人际交往面广。在学校里，他们不仅跟同宿舍同学、同班同学交往，还会利用社团、讲座、公益等各种活动结交其他班级、其他专业、其他年级的同学；他们能主动跟老师沟通，通过与老师的沟通交流，主动获取各种相关的知识。另外，他们的人际交往范围不仅仅局限于学校里的同学、老师，他们还能利用各种机会主动与已经毕业的师兄师姐、相关领域的专家学者建立人际关系，并能保持良好的沟通。

但法科大学生在人际交往方面也存在一定问题，比如有些同学功利心较强，这也决定了他们与人交往缺乏真正的感情，交往面虽广，但是不深刻。另外，他们缺乏一定的交往能力和技巧，容易在与同学的交往过程中发生一些矛盾。

（三）情绪调控

法科大学生的情绪以积极情绪为主，愉快、乐观、满意等情绪占优势，同时能够正确认知和调控负性情绪；能主动觉察自己的感受和情绪变化，并清楚这些情绪的来源；能自如地运用利己利人的方式调控自己的情绪，从而不被负性情绪所控制，较少表现出情绪化的特征。

从马斯洛需求层次理论来看，法科大学生的情绪体验更多来自高层次需求的满足，比如对友谊和爱情的追求，对学业成就、组织活动的成功体验，对人生价值和意义的追求等。

情绪调控的方式理智、多样。主要的调控方式为理智调节方式，当消极情绪产生时，能冷静地、理智地分析自己对事物的认识是否正确，考虑消极情绪带来的后果。能主动调整自己的看法和态度，纠正认识上的偏差，用理智控制不良情绪。另外，转移注意力、运动、倾诉、升华、幽默等方式也被经常运用。

但是，也有少部分同学对情绪体验有着错误的理解，比如认为情绪健康就是"随心所欲的"，就是没有负性情绪的；还有些同学容易产生抑郁、焦虑等情绪障碍。

总之，当今的法科大学生不仅能包容自己复杂的内心世界和内心真正的自我，也能包容复杂的外部世界和他人的缺点。他们设身处地、连贯恒定地看待朋友、家人，很少凭个人的好恶做出判断；能够坚持"现实性原则"，遵守社会规范，延迟个人满足；将自己的自尊心建立在对整个社会的贡献上，并为了获得更富庶、更恒久的愉悦而放弃即刻的满足。

二、法科大学生心理问题特点分析

近几年来，大学生的心理问题越来越多，心理危机事件也在逐年增多。为了了解法科大学生心理问题的特点，我们专门选取了某法科高校进行了调研分析。其数据来自该高校心理咨询中心在2015年、2016年、2017年三年中的648例心理咨询个案，研究对象中的绝大多数为主动来访者。

（一）咨询人数分析

1. 咨询学生逐年增加

从表1.1的数据来看，2015年、2016年、2017年三年中咨询学生逐年增加。通过调研其他高校发现，心理咨询的学生逐年增加是各个高校都面临的现状，一方面患有心理问题的学生确实越来越多，另一方面也跟学生越来越接受心理咨询，认识到了心理健康的重要性有关。

表1.1 三年之间的学生咨询量

年份	2015	2016	2017
人数（人）	152	208	288

2. 咨询学生的年级特征

从表1.2数据来看，在心理咨询中，大一学生最多，大四学生最少，大二、大三和研究生人数基本持平。进一步分析每个年级三年数据的增长率发现，研究生的增长最高，2017年比2015年增加将近两倍的人数，而其他几个年级增加幅度较小。

表1.2 咨询学生年级人数

年级	大一	大二	大三	大四	研究生
人数（人）	205	117	132	82	112
占三年总咨询人数比例（%）	32	18	20	13	17

3. 咨询学生的性别特征

从表1.3数据来看，近三年咨询学生男女生的比例为28∶72。该校男女的比例基本为3∶7，因此，在性别特征上并无明显差异。

表1.3 咨询学生的男女生人数

性别	男	女
人数（人）	182	466
占三年总咨询人数比例（%）	28	72

(二) 咨询的时间特征分析

从表1.4来看，在咨询时间上，有两个明显特征。

第一个特征是，春季学期咨询人数明显多于秋季学期。这可能有两方面的原因：对数据进一步分析发现，春季学期大一学生咨询的比较多。他们在经历了第一个学期的新鲜感之后，不适应的问题就凸显出来，比如宿舍人际关系、自我定位、学业与职业规划等；二是春季是精神疾病高发、易复发的季节，气候变化的原因，影响人体新陈代谢的变化，容易导致人体的认知、情感、行为和意志等异常。

表1.4 每个月咨询学生人数

月份	1	2	3	4	5	6	7	8	9	10	11	12
人数（人）	27	16	31	98	117	57	11	0	45	86	92	68
占三年总咨询人数比例（%）	4.2	2.5	4.8	15.1	18.1	8.8	1.7	0	6.9	13.3	14.2	10.5

第二个特征是，咨询的高峰期一般集中在每个学期的中间两个月。开学初期，大学生从假期生活回到学校生活，还停留在对假期的回味以及新入校的新鲜感之中，随着学习生活的开始，自我探索、人际关系、情感困惑等方面的压力随之而来；另外，学期中间没有考试的压力，学生能够沉下心来体会自己的生活，思考有关自身发展成长的一些问题，顾及自己内心的一些感受，容易产生解决自身心理困惑的需求，也有较为宽松的时间到心理咨询中心寻求帮助。

（三）咨询学生问题的严重程度增加明显

在心理学上，一般将人的心理状态分为心理健康、心理不健康和异常心理三种。心理不健康是指人的心理活动处于一种动态失衡的心理过程，一般有现实因素激发，在大学生中常见的现实因素有：学业压力、人际交往、感情问题、自我认识等。异常心理包括变态人格、神经症以及各类精神障碍。心理咨询的主要对象是心理不健康的人群，异常心理患者需要接受精神科治疗。在大学生的心理咨询中，心理不健康的问题占大多数，异常心理问题数量较少。近几年来，法科大学生心理问题的严重程度明显增加，主要表现出以下三个方面的特征。

异常心理学生逐年增多。如表1.5所示，三年内被转介精神科医院诊断为异常心理的学生共85人，占咨询总人数的比例为13%，其中2015年15人，2016年28人，2017年42人。在这85名学生中，抑郁症47人，焦虑症19人，强迫症9人，双相情感障碍5人，精神分裂症5人。

表1.5 患有神经症学生人数

年份	2015	2016	2017
人数（人）	15	28	42
占当年咨询人数比例（%）	10	13	15

学生的心理问题呈现出复杂多样、弥散性的特点。心理问题对生活的影响往往不是单方面的，一般都泛化到校园生活和学习的各个方面。主要表现出三个特征：一是问题持续时间长，很多同学的心理问题不是在大学里出现，在高中或初中时已经出现，有的甚至

在小学或幼儿阶段已经出现苗头,且大部分心理问题来源于其特定的原生家庭和成长经历;二是影响范围广,心理问题会影响学生的人际、学业、情绪、情感等各个方面,而不是一个方面;三是影响程度深,学生的各种痛苦体验重,严重影响其社会功能。

咨询次数明显增多。有研究分析发现,学生咨询次数的多少与心理问题的严重性程度呈明显的正相关,一般来说,心理问题严重的咨询次数明显增多。我们以咨询次数超过8次的标准来看,三年中共有133人咨询次数在8次以上,占总咨询学生人数的比例为21%。从表1.6的数据来看,三年中咨询次数超过8次的学生人数逐年增加。三年中,最高咨询次数为65次。

表1.6 咨询次数超过8次的学生人数

年份	2015	2016	2017
人数(人)	18	40	75

(四)法科大学生的心理问题在一定程度上体现了专业背景的影响

通过分析学生咨询的问题发现,法科大学生的心理问题与原因具有明显的专业特点。由于其专业性质,法科大学生可能具有更强的法治意识,且可能对涉及公正性的事件更加敏感,更加强调公正性,同时他们也有较多的机会接触一些不公正的事件,这些不公平的事件容易引发他们的心理波动,甚至引发心理问题。

三、法科大学生心理问题的原因分析

人的心理的发展受多种因素的制约，是多种因素综合起作用的结果。除了遗传因素外，社会因素、家庭因素、成长经历也是引起大学生心理异常的主要因素。

（一）社会因素

从时间上来看，我国大学生心理问题多发基本上是从 2000 年后开始的，2000 年入校的大学生基本出生在 20 世纪 80 年代，从那个时候开始，心理问题的发生率、严重程度逐年在提升。但是相关研究却表明，大学生心理健康的整体水平在逐步提高。这种矛盾的现象说明大学生的心理健康出现了明显的两极分化的现象，一方面优秀的学生更优秀，另一方面心理问题的发生率和严重程度也越来越高。究其原因，社会因素是最为重要的因素。

从 20 世纪 80 年代起，中国社会进入改革开放的高速发展期，社会变革在带来我国经济飞速发展的同时，也使得人们的心理和行为受到巨大冲击，容易引发各种心理失衡和心理问题。具体表现在以下三个方面。

1. 竞争文化导致压力增加

从 20 世纪 80 年代开始，中国的经济从计划经济向市场经济转型，中国进入竞争型社会，竞争意味着有人会胜出，有人就会被淘汰。这样的竞争文化也体现在了学生的学习上，"分分分，学生的命根；考考考，老师的法宝""提高一分干掉千人"就是这种竞争文化最真实的反映。这种竞争给人们带来了巨大的压力,导致我国精神障碍的患病率快速上升,20世纪80年代,精神障碍患病率为1%左右,而到了2005年,这个数据已经达到了17.5%。

2. 价值方向的多元化与"包办式"的教养方式产生矛盾

从整个社会背景来看,改革开放以来,我们处在东西方文化交流、多种价值观冲突的时代,我们面对不同于以往的文化背景和多种价值选择。从小环境来看,大学以前,有些学生处于家长和老师的控制之下,所有的事情都由家长和老师安排好,中国父母、老师这种包办式的教养、教育方式使孩子缺乏独立的意识和自主选择的能力,一旦进入大学这种相对宽松和自由选择的环境,他们就会感到困惑、迷茫,甚至产生心理障碍。

3. 社会不良现象的增多,加重学生的心理负担

腐败、贫富差距加大、不公平竞争等社会现象的增多,冲击着学生的心理,给学生造成了巨大的心理压力。例如,有些学生之所以选择读法学专业,是因为他们的家庭遭受过不公正的对待,他们读法学的目的就是将来有机会给家人伸冤。

(二) 家庭因素

家庭对人的成长的影响作用最为直接,也是最大的。例如,相关研究表明,父母关系不良、紧张或冲突,甚至经常吵架,孩子在人际关系中往往表现出自私、敌视等心理和道德方面的欠缺;单亲家庭中的孩子往往人际关系较为敏感,容易形成孤僻、冷漠、粗暴、自卑的人格特征。

但是,当我们探讨当前这些咨询学生的家庭背景和成长经历时,

发现大部分的学生并没有经历这些创伤，而且他们的家庭条件良好、父母关系融洽，很多学生的家长受教育程度比较高，比如很多家长是老师、公务员、企业白领、高级技术人员等。更深入的探讨发现，这些学生所经历的并不是传统意义上的创伤或伤害，而表现出了新的特点：这些学生的家长虽然取得了比较优异的成绩，也具备了一定的经济基础和社会地位，但是他们的内心却是焦虑的，缺乏安全感。比如，法科高校中的学生有一个特点，很多学生的父母在公安局、检察院、法院等部门工作，他们是受父母的影响而选择了继续读法学专业。而相关研究表明，这些职业的公务员在公务员系统中压力最大，心理健康水平最低。他们的这些焦虑和不安全感会表现在对孩子的抚养和教育上，他们对孩子高要求、高标准，规定孩子必须按照要求做，孩子做的达到标准会受到过于泛化的表扬，达不到就会受到过于泛化或严重的批评和惩罚。这种"有条件的爱"很容易使孩子形成负面的自我评价，并自动形成各种功能不良的信念和行为策略。

（三）成长经历

除了家庭因素外，成长经历对于个人心理发展的影响也是巨大的。在中小学教育中，一切向分数看，忽视了对学生品德、体育和美育的教育，使得学生适应能力和心理素质明显下降；另外，中小学多发的"校园欺凌"现象不容小视。"校园欺凌"对于受欺凌者造成的伤害通常是身体上和心灵上的双重创伤，而心灵的创伤更为严重，且容易留下阴影，长期难以平复，甚至影响学生一生的发展。同时，欺凌事件对于目睹欺凌现象的其他学生也会造成一定的心理伤害，由此会产生恐惧、内疚、自责、敌对等心理。在法科高校的课堂教学中，不可避免会涉及大量的案例分析，这些案例也往往让学生产生恐惧，容易引发心理障碍。

第二章

法科大学生典型心理问题分析

一、空心病

(一) 空心病的症状

2016年9月，小明"极不情愿"地来到某法学高校报到，成了该校的一名大一新生。为什么说他"极不情愿"呢？因为按照他平时的成绩，即使进不了清华、北大，进入一个985高校应该是没有问题的。但是平时成绩优异的他却在高考时发挥失常，最终只能进到这所在他看来很一般的法学专业学校。

虽然是"极不情愿"地来到这个高校，但是天生要强的他并没有放松自己，经过第一学年的努力，他以年级第一名的成绩拿到了一等奖学金和国家奖学金。为此，他被邀请给刚入校的大一的师弟师妹们介绍学习经验。从这以后，每次学弟学妹们见到他时，总是投来敬佩的眼光，并窃窃私语："看，这就是给我们介绍经验的学霸师兄，好厉害。"听到这些话的时候，小明感觉可好了，自信心爆棚。

可就在大二第一学期期末考试中，他的成绩掉到了年级第五名，因而心情低落，压力巨大，觉得自己对不起老师和父母的期望，也无脸见曾经给他们传授学习经验的学弟学妹们。每次听到学弟学妹们夸自己时，他就想尽量躲开，觉得自己不配"学霸"的称呼。这时的他不愿意见到自己熟悉的同学，一些不好的念头也常常在他的大脑中浮现，总认为自己是无能的，什么都做不好，比如自己的个子这么矮，身体还这么胖，课上老师的提问也不知道怎么回答。尤其是学期末，需要找老师指导学年论文，但是自己一直不敢去联系老师，因为害怕被老师拒绝。如果老师拒绝了自己，那真是太丢人了，老师一定是认为自己不行，不值得他指导才拒绝自己的。

其实哪怕在考第一的时候，他的内心也充满着焦虑，生怕自己被别人超过，怕自己犯错误。每当自己想放松的时候，却感到一种罪恶感，看到别人都在学习，而自己却在看电视剧，害怕落在别人后面，被别人超过。

小明在接受心理咨询时，给我印象最深刻的一段话是："我从小到大好像都在为别人而活着，即使取得了优异的成绩，也是大家口中的'好孩子'。但是我依然焦虑、恐惧、害怕，担心哪一天这些东西就会失去，表面上优秀、阳光、积极的我其实每天都过得战战兢兢、如履薄冰。我的努力都是为了超越别人，为了别人的赞美和夸奖，为了爸妈的期望和面子，我不知道我想要什么，想成为一个什么样的人"。

像小明这样的问题，北京大学心理咨询中心的徐凯文老师形象地称为"空心病"，即由于价值方向缺失所导致的心理障碍。现在这个心理问题在高校里越来越常见，而且越好的高校这样的学生越多。比如，据徐凯文老师的调查，北京大学一年级的新生，包括本科生和研究生，其中有30.4%的学生厌恶学习，或者认为学习没有意义；还有40.4%的学生认为人生没有意义，认为活着只是按照别人的逻辑这样活下去而已，其中最极端的就是放弃自己。在笔者所服务的大学里，在近几年的咨询过程中也明显感觉到这样的学生在逐年增多。

现在不仅学生中像小明这样的人越来越多，在各行各业中这样的人也非常常见，而且带来的问题也越来越严重。笔者一个朋友老李，最近几年在 IT 行业做得风生水起，自己创业以来虽然吃了很多苦，但还是成功发展了起来。可是就在他取得辉煌成就的时刻，他却服药自杀，幸亏被及时发现。所有认识老李的亲朋好友以及商业伙伴都觉得难以相信，平时积极乐观、勇于进取的老李怎么会自杀呢。但据老李家人反映，其实老李患抑郁症已经好几年了，最近几年一直在服抗抑郁的药。

像小明和老李一样，很多成功人士每天都在拼搏努力，并取得了优异的成绩，但是他们内心依然痛苦。这种抑郁又被称为"微笑型抑郁"或"成功型抑郁"。不论是"空心病"还是"微笑型抑郁""成功型抑郁"，它们并不是一种精神疾病的诊断类别，而是一类抑郁症患者对自己病情的反应模式。有心理学家将其形容为"在他人面前表现得很开心，内在却承受着抑郁的症状"。虽然表面上他们看起来积极努力，但实际上每天都在低落情绪的旋涡中挣扎，在他们阳光开朗、积极乐观的表象下埋藏着一颗抑郁痛苦的内心。这种抑郁多发生在那些身份地位高、学识高、事业有成的成功人士中。男性要比女性多，他们或是机关里的官员、成功商人和企业中的白领，或是大学生、教授和高级技术人员。"微笑型抑郁"确实有很多典型抑郁症的症状，会让人感到情绪低落、兴趣减退，无助无用感增强、自我评价低，甚至有自杀倾向，但是和典型的抑郁症不同的是，"微笑型抑郁"的患者并不是每天满脸愁容地缩在床上，丧失工作、学习、与人交往的能力，而是拥有比较好的社会功能，甚至看上去比常人更加积极。

当然，在现实生活中，很多人的问题可能达不到抑郁症的诊断标准，但是也表现出了很多类似的特征。

1. 强烈的孤独感和无意义感

他们在生活和工作中积极主动，能够很成功地制定并实现很多目标，但仍然会有强烈的孤独感和无意义感。他们虽然一直在努力打拼，也取得了不错的成就，但是他们却不知道为什么要这些，也不知道活着的价值和意义是什么。他们似乎很多时间都是为了获得这种成就感而努力地生活、学习和工作，这些外在的成绩就像是毒品，让他们上瘾，欲罢不能。

我们可以称这种现象为"优秀瘾"。就像小明和老李，他们在努力获得好的成绩和成就，但是他们对这些东西却并不感兴趣。小明每天虽然很积极地努力着，为了学习成绩而在努力拼搏，但是他内心却很讨厌学习。老李虽然挣了很多钱，但是钱对他来说仅仅只是个数字。他们只不过是用这些成绩和成就来填补内心的孤独感和无意义感，来证明自己的价值。老李在家里养着大大小小十几只名贵狗，但其实他并不喜欢狗。他之所以要养狗，是因为每次他牵着狗出去时，路过的人都会投来羡慕的目光，这种目光给他带来了一种良好的感觉，让自己感觉很有面子。从此，他喜欢上了牵着狗出去遛弯，要的就是这种由别人的羡慕而带来的成就感。

2. 低自尊和内心的僵化

他们从小就形成了比较低的自我评价，为了避免这种低自尊带来的伤害，他们采取的应对策略就是给自己制定高标准和严苛的规则，"必须""一定"是大脑中常见的词语，生活必须按照他们所设定的轨迹来运转，必须符合他们的愿望才可以。一旦达不到标准，违反了他们内心的规则，低自尊就被激活，所有的负面评价就涌现在大脑中，让他们痛苦不堪。这时他们所有的能量都指向自我，开始去批判自我，而不是去分析问题、解决问题。像小明，他给自己制定的标准就是每次考试必须在前三名，低于这个名次就说明自己太笨了，没有能力。当他没有考到这样名次的时候，不是去分析原因，看看问题出现在哪里，并确定努力的方向，而是陷入深深的自责中。

3. 寻求外部认同

有些人表面上看起来可能"拥有一切"，比如稳定的婚姻、健康的孩子，人际关系良好、事业有成，在别人眼中也是一个好孩子、好学生、好丈夫、好员工等。但似乎所有这一切都是为了别人而做，是做给别人看的，他们做的一切都是为了得到别人的承认和别人的认同，全靠他人的认可或者假想中获得他人的认可来肯定自己。时常觉得自己毫无价值，却不得不为了众多羁绊存活于世。一直以来想完成的事情，达成的心愿，也不过是为了满足被认可的欲望。像老李，在朋友圈里是典型的好人，仗义讲义气，大家有困难喜欢向他寻求帮助，而老李基本上从来不会拒绝别人的求助，哪怕牺牲一点自己的利益也会尽力去帮助别人。这样的性格特点在一定程度上也帮助了老李在事业上取得成功。这些人会尽力去为别人着想，极力避免冲突，害怕因为自己的问题给别人带来不好的感受和影响。比如老李每次去商场买衣服，看见服务员不耐烦就有点慌，怕耽误人家业绩，更害怕对方会认为自己"事多"而给自己一个不好的评价。

（二）空心病的各种表现

这些"优秀的人"在这些特征的控制下，在日常生活中会有以下各种表现。

1. 成就越高越焦虑

名声、财富、社会地位反而成为压力，成为包袱。选择创业虽然不是老李的内心所愿，而且创业的过程也是艰辛的，但是他都坚持了过来，并取得了不错的成就。但是自从企业有了一定的规模，积累了一定的财富之后，他自己却变得患得患失。很多演艺界的明星也一样，当积累了一定的人气和名声，在享受这些成就的同时，忧虑、担心也随之上升，担心这些东西忽然有一天会消失。

2. 关键时刻掉链子

小明平时的考试成绩非常好，很少跌出前三名。但就在两次最为关键的考试中发挥失常，一个是中考，另一个是高考。尤其是高考，就在考试的前几天，却发生了意外，身体一直很好的他，却突然发起了高烧，而且上吐下泻。经过治疗终于把症状给控制住了，但是考试那几天也是有气无力。最终他的高考成绩比平时低了30多分。像小明这样的学生不在少数，平时小考很优秀，但是一到关键的考试就失常，有的学生会表现出明显的紧张焦虑情绪，有的学生虽然没有明显的压力，身体上却出现各式各样的问题，比如感冒、胃疼、拉肚子等。

3. 偷偷努力

小华学习非常努力，早出晚归。当他学到很晚回宿舍休息时，宿舍同学问他"怎么一天到晚的见不到人，干嘛去了？"时，他的回答要不就是上网打游戏，要不就是跟朋友逛街去了，反正就是不敢告诉同学他一直在努力学习。他每次去自习室时都要先看看有没有认识的同学，如果有，一定再换自习室。时间久了，他自己都觉得很累。每当大家在宿舍里讨论学习和考试时，他都表现出一副满不在乎的样子，其实内心比谁都着急。那为什么要偷偷地学习呢？他说："如果大家知道我在努力学习的话，万一我考不好，不就说明我太笨了吗。"

4. 敏感

我的一个朋友最怕在微信上聊天时对方突然不回信息，这时他就会想，是不是自己说错话了，是不是对方讨厌自己了。他经常会因为别人的一句话而想很久，琢磨对方说这句话到底是什么意思。敏感的人喜欢通过别人的眼神、语气、表情、动作等去揣测他人的心思。而且一般都会得出对自己不利的结论，比如，觉得对方看不起自己，觉得自己不行等。用一句非常形象的话来形容就是"你看，路边的狗又多看了我一眼"。

5. 见不得别人过得比自己好

经过一周的奋战，小英终于选好了自己下学期的课程，看着自己选的课程和老师都是自己所心仪的，小英也终于可以安心地复习接下来的期末考试了。可几天之后，小英翻开自己的选课记录表时，却惊讶地发现，自己所选的课程全都不见了。万分焦急之下，她不得不求助辅导员。后来经过调查，是同宿舍的好朋友小红做的手脚。由于两人关系不错，小英把自己的选课账号和密码告诉了小红，并请小红帮自己选过课，所以小红记住了小英的账号和密码。那小红为什么把小英的课都给删除了呢？经过谈话才得知，虽然小红和小英是好朋友，两个人也经常在一起上课和上自习，但是每次考试小红都考不过小英，这让好胜心极强的小红心里极为不平衡。所以，她就想通过这个方式给小英制造点麻烦，干扰她这次的期末复习，力求这次考试能超过小英。

　　高校宿舍盗窃是一个很普遍的现象,但大部分都是同宿舍同学所为,也就是我们所说的内盗。我们的研究表明,这些盗窃同宿舍同学的学生,他们并不是因为真的缺少钱财才进行盗窃,反之,这些学生家庭条件良好,学业优秀,平时给人的感觉也是素质良好,有的学生还会是班干部等。一般情况下,很少会怀疑是他们做的,当最后被查出来时,大家也是非常吃惊,难以相信。他们盗窃的财物一般不会用,而是扔掉或保存起来。他们盗窃的目的大部分都是嫉妒,嫉妒对方比自己学习好、人缘好,想给对方制造一点麻烦。这些学生喜欢与别人比较所取得的成绩或成就,超越别人,尤其是超越身边的好朋友成为他们努力的动力。当他们超不过别人时,往往容易心态失衡。他们喜欢把人分为三六九等,会去嫉妒那些自认为比自己厉害的人,看不起那些自认为不如自己的人。

(三) "空心病"的机制与成因

1. 外在成绩、成就与自我价值的关系

　　"微笑型抑郁"和"空心病"的本质是价值方向缺失而导致的一种心理障碍。像小明和老李,他们表面上努力、阳光、积极奋斗,但是内心却被低自尊充斥着,失去了奋斗的方向。所以,他们不得不靠这些外在的成绩和成就来证明自己,而他们努力拼搏来的这些高成绩和成就其实并不是自己真正想要的。他们甚至对这些东西很厌恶。那这些外在的成绩和成就与我们的价值感和意义感是什么关系,又是什么因素使我们失去了价值感和意义感呢?

　　钱、权、社会地位等外在成就,这些都是能体现个人价值和能

力的东西，它们也确实给我们带来了很多的好处，我们去追求它们在一定程度上也是无可厚非的。但正确的逻辑应该是，如果我们有足够的价值感和意义感，知道自己想要什么，想成为一个什么样的人，我们就会按照自己的价值方向努力地前进，那么钱、权、社会地位就是实现自己价值方向的一些回报或副产品，也就是说这些东西是我们行为的结果而不是行为的动机。如果我们的内心是无价值感、无意义感的，我们就只能追逐这些外在的成绩和成就，靠这些东西来维持自己的价值感和意义感。

钱、权、社会地位是在实现自己价值道路上获得的回报。比如商人，他们的价值方向是为社会作更多的贡献，为社会提供更多的就业岗位，这是他们的价值所在，当他们实现了这些价值之后，他们也获得了相应的报酬，比如钱和社会地位。如果一个商人只是为了赚更多的钱，只是为了索取，那他的生意一定做不大。马云在接受采访时称，自己不会专注于赚钱，只专注于创造价值。很多人都热衷于赚钱，但他相信有三样东西是不能碰的：权力、金钱和光环虚名。所以，马云才会取得成功。再比如有个学生，他在人际关系中的价值方向是助人，他就会更多地去考虑别人、帮助别人，在帮助别人的具体行为中来体现自己的价值。那么他这样做的结果自然是得到别人的认可。别人的认可是他这样做的结果，而不是他这样做的动机。他之所以这么做，是因为他愿意，是他的选择和自己所看重的品质，而不是为了换取别人的认可、赞美和回报，也不是为了消除内心的内疚和恐惧。

如果人们的行为只是出于自己的价值和选择，出于对自己和他人健康成长的需要，那他们自然会心存感激。他们的感激也是在给自己确认：自己的行为有益于别人的生活，他人也会回报给自己相应的爱。当然，如果别人并没有领会我们的好意，并没有给予我们相应的回报，我们也没什么可后悔的。比如乐于助人的学生，如果别人没有理解他的好意，没有给予他回馈，他也不会后悔、抱怨、谴责，因为助人是他的需要、他的选择。而如果助人是为了回报，那么一旦好意没有被别人所理解和领会，没有给予回报，我们就会后悔，就会去谴责、抱怨别人，就会认为自己是没有价值的，是不被别人所认可的。像马云，他创业的价值方向是为社会创造价值，那么他今天获得的金钱、社会地位等光环是社会回馈给他的，并不是他所追寻的目标。而将来万一有一天他的事业失败了，他也会接受这个结果，而不会去过度否定自己，不会一蹶不振，而是会拍拍身上的尘土，继续前进。

如果我们的行为致力于满足他人及自己健康成长的需要，那么，即使艰难的工作也不乏乐趣，我们也会坚持做下去。反之，如果我们的行为是出于金钱、权力等外在的成就和光环，那么即使有意思的事情也会变得枯燥无味，一旦遇到困难和挫折，我们就容易放弃。有位母亲，为了让孩子得到优质的教育，选择了一所离家比较远的好学校，而舍弃了离家比较近的普通学校。为此她不得不每天早上5点多就起床做饭，要花将近一个小时在路上送孩子上学，还要忍受堵车的痛苦。但是，为了让孩子能接受良好的教育，这个母亲选择了这些，她并不觉得苦，因为她的价值方向很明确，认为自己所做的这些是值得的。

2. "空心病"的机制与成因

老李从小就是人们口中"别人家的孩子"，听话、懂事、学习好。在学校，德、智、体、美、劳全面发展，是学校的标兵、老师的最爱、学生的偶像，成年后在社会上也是出类拔萃。

但老李的内心却始终充斥着自卑感，他对自己的评价一直很低，认为自己并不是表面上看起来那么优秀，这些都是假象，而真实的自己却是一个自卑、无安全感和价值感的人。从小到大，一种莫名的焦虑感和恐惧感时刻伴随着他。

老李的父母都是中学老师，从小就对老李严格要求，并制定了严格的家规。从日常中的烦琐小事到老李的学业、职业和婚姻等，必须遵守父母的标准和要求。比如平时穿什么样的衣服、吃饭时什么坐姿、放学后几点回家、能做什么、不能做什么，都进行严格规定。老李从小就对各种手工制作感兴趣，他能用各种废品制作出各式各样的小玩具。但他妈妈认为这种爱好太"低级无趣"，规定老李必须学习钢琴，成为一个钢琴演奏家其实是其妈妈从小的愿望，但是由于各种条件的限制，最终没有实现。而从小到大练习钢琴的过程更是痛苦，内心对钢琴没有感觉的他，在妈妈的打骂之下努力练习着，而每当自己取得了好的比赛成绩，才会看到妈妈脸上的笑容。

在学习上更是如此，如果达不到父母的要求，一定会招来父母的一通批评和教训。记得有一次老李考了98分，他非常高兴，拿着试卷跑回家，想跟父母分享这一成绩。谁知道爸爸看了一眼试卷，严肃地说道："如果你当时再仔细一点，这两分也不会丢掉；看你王叔叔家的妹妹，这次就考了满分。"为了满足父母的标准，老李不得不拼命努力地学习，只有取得了优异的成绩，父母的脸上才会露出一些笑容。印象中父母对自己最满意的一件事情就是自己考上了爸爸最想让他上的重点高中。当时爸爸得知这个消息之后，还特意做了一桌子好菜，并喝了一些酒，爸爸脸上的骄傲，老李至今还是记忆犹新。爸妈脸上的笑容和骄傲也成了老李努力奋斗的目标。

高考时老李的成绩非常棒，当时老李希望报考机械制造方面的专业，但是妈妈认为他应该学习计算机，就给他报了计算机专业。虽然被985高校录取，但是4年的大学生活对于老李来说没有一点成就感，但是为了满足妈妈的要求，他每次都能考前几名。

老李发现，如果自己按照父母的要求和标准来表现自己，父母就认为自己是优秀的，最好的，就会表扬自己；如果达不到父母的标准和要求，父母就会严厉地批评自己，认为自己是坏的，是愚蠢的。为此，老李每天不得不为了父母的要求而努力着。

儿童对自我和世界的理解能力有限，他们对自我好坏的判断完全依赖父母。如果父母能给孩子提供足够的爱，满足孩子正常的需求，那孩子就认为自己是好的、有价值的。如果父母不能提供足够的爱，过于否定、批评孩子，那孩子就认为自己是坏的、没有价值的。因此，父母的爱是儿童形成健康人格的重要因素。那这里讲的"爱"的含义是什么呢？老李父母的这些做法不都是为了孩子好么，难道他们不爱自己的孩子？按照著名心理学家罗杰斯的定义，爱是深深的理解和接纳。那么，相反，假若我们做不到对孩子的理解和接受，而急于将自己的意志强加在孩子身上，这就不是爱。罗杰斯认为，只有无条件的接纳，才能令一个孩子感受到被爱，也就是无条件的爱。然而，无数父母对孩子的爱都是有条件的——"你必须做到什么，我才爱你。"

这种有条件的爱包括两部分：一是只有达到了父母的要求和标准才去爱孩子，才去接纳孩子，像老李大多数情况下得到的都是这种有条件的爱——只有成绩好，我才爱你；只有按时回家，我才爱你；只有穿我认为好看的衣服，我才爱你；二是如果达不到，就会受到过于严厉的批评和惩罚。这种批评和惩罚具有两个特点：一是与犯的错误不相匹配，过于严重，打骂、侮辱、嘲讽是常见的；二是对人不对事，不去针对事情和行为去教育孩子，而是否定孩子整个人。有的时候孩子甚至不知道为什么就会招来一通羞辱。在老李的记忆中，自己从小到大都活在父母的批评教育之中。他印象最深刻的一句话是"你怎么这么笨，我对你真的是失望透了"，这句话就像针刺一样深深地扎入老李的心里。而这样的教育也使得老李从小就认为自己什么都不行，内心充满了自卑，感觉自己毫无价值。

我们可以看到，老李的生活中得到的就是这种有条件的爱。这种有条件的爱对老李的影响表现在两个方面：一是老李内化了父母对自己的评价，始终认为自己是无能的，不受别人喜欢的；二是他不得不通过达到父母的要求和标准来证明自己并不是无能的，追求父母认为的"好的东西"来证明自己。另外，通过这样做，还可以使得自己避免遭受父母的惩罚。老李的这套心理机制基本上在 15 岁以前形成，一旦这套机制形成之后，就像一套软件装进了他的大脑。然后就会在成年之后的生活中不断重演，在精神分析上叫作"强迫性重复"。我们如果不去主动觉察这套机制的运作，它就在各种情境中自动启动，我们就会不断重复童年在原生家庭中所形成的问题模式。

起初，我们对这个未知的世界充满了好奇，有满满的求知欲和探索欲，只要父母给我们足够的安全感，我们就会根据自己内心的需求去主动地探索这个世界。比如，一个孩子喜欢一本书，就会去看、去学习；他喜欢一个人才会去跟他一起玩。但是通过这种有条件的爱，孩子的自我价值与父母注重的成就和认可联系在了一起，他去看书或者跟某个人交往，仅仅是为了让父母高兴，是为了证明自己的价值，是为了消除内心的紧张和焦虑。这样一来，这个孩子就会失去对事情本身的原动力，一切行为都以获得父母的关注和认可为目标。当这些诸多价值条件演绎到极端的时候，人们便忘了自己最自然、最真实的内心感受和自我需求了。

除了原生家庭外，成长经历的影响也是巨大的。任何人的成长都不是一帆风顺的，在脆弱的自我走向成熟的成长历程中，我们几乎都经历过一些不如意的时刻，都曾被有意或无意地冷落、侮辱或排斥伤害过。小到某一门课成绩总是考不好、被老师批评训斥，大到遭到同学孤立排挤、青春期失恋等。如果在成长过程中被否定、被拒绝是最突出的主题，那么它们的伤害就很可能会使我们形成过低的自我评价，我们就会不断地通过获得其他外在的成绩和成就来证明自己。我的一位同事是一个非常著名的教授，在业内具有很高的名望，但是她依然对自己不满意，焦虑、抑郁等情绪经常烦扰着她。她的这些负性情绪可以追溯到儿时遭受的痛苦和羞辱：由于她的长相，她经常被同学们拿来嘲讽和羞辱，这些经历让她产生了深深的自卑，她不得不努力学习，力图通过学习成绩来证明自己。即使成年之后参加了工作，她依然拼命地想通过工作业绩来证明自己并不差。

另外，社会文化的影响也不可小觑。当前，我国正处于高速发展时期，一切以国内生产总值（GDP）为准，过度追求GDP使我们社会的价值观被扭曲、被功利化。在电视、网络等各种媒体上我们接触到的信息是，只有你有钱，你就能得到你想要的一切，你就会被前呼后拥，被人点头哈腰。而你没有钱，处于社会的底层，就会处处受限，你就会被贴上无能、失败者的标签，就只能接受别人的白眼和讽刺。世人愿意给我们多少关爱与尊重，取决于我们的社会地位和成就。因此，我们认为的成功，是有钱、有权、有光环。于是，老师在课堂不再讲重点知识而是放在课外补习班上讲，公务员不再去好好工作而是去琢磨领导喜好什么，商人不再去生产更优质的商品而是以次充好，艺人不再用心创作而是通过造绯闻、炒作来吸引眼球。在这种急功近利、盲目追求短期利益的社会背景下，亲情的温暖、朋友的友谊、家庭的和谐、爱情的美好、内心的富足等已经不再显得那么重要。这种社会文化氛围使很多人追逐功名利禄，而忽略了自己内心的真正愿望。

因此，随着经济的高速发展，人们的幸福感并没有相应地提高。在一项由联合国支持的独立报告《世界幸福报告2017》中专门分析了1990—2015年中国人的幸福感和物质变化。该报告称，在过去的40多年里，中国人的物质水平、生活质量和人均寿命都有了显著的提高，但就主观的幸福感而言，如今的中国人还不如25年前的中国人那么幸福。而这期间人们精神障碍的患病率却在急剧上升，相关研究表明，1982年的患病率为1.054%，而截至2017年，这个数字已经增长到17.5%。

二、为什么生活得这么好，还是得了心理疾病

在某论坛上有一个帖子："为什么我生活得这么好，还是得了心理疾病？"，题主自述从小是在关爱中长大的，家庭条件很好，且住在大城市，物质上一直富余。长辈们都读过大学，父母思想开明。她从小也没遇到过什么大事，很平静地在本地读小学、初中，后来读国际高中，大学出国留学。然而就是这样，她在初二14岁时得了严重的躁郁症，看精神科医生三年，吃了很多药，之后虽然摆脱了

"病态"范畴，但是此后她成为一个情绪极不稳定的人。她社交很窄，面对压力很脆弱，面对亲人很冷漠，不能共情，自卑，极度在意别人的看法，经常希望自己或身边能出意外让她逃离现状。由此，她觉得自己很奇怪，学校里这么多孩子，都是一样的老师教，自己的家长还比别人好，自身成绩也不差，为什么就她得了心理疾病？为什么她活得那么痛苦？

其实这种情况在咨询过程中越来越多。很多学生的家庭条件良好，父母和睦，对他们也很关爱，而且他们从小就很优秀，很少受到像老李一样的控制和批评。为什么也会得这么严重的心理疾病呢？

比如，就在前几天笔者刚接待了一个学生。因为马上面临考研了，但是他感觉自己没有复习好，压力非常大，每天看到自己还有很多没有复习的内容就特别地着急，然后就是哭。他的爸妈告诉他，没有必要一定要考上研究生，即使考不上研究生还有很多条路。他的家庭条件良好，父母都是公务员，而且还担任一定的领导职务，父母关系和睦，对该同学也非常地关心，他从小就没有受过什么委屈，而且很争气，从小学习成绩优秀，懂事，是父母和老师眼中的"好孩子"。

他自己也知道考不上研究生也没有关系，还可以找工作，或者明年再继续考，父母也支持。用他的话说"这些道理都懂，但是就是控制不住地紧张和焦虑，强求自己一定要考上"。我问他："如果你这次考不上，会意味着什么？""你最担心什么，害怕什么？"他说："如果考不上研究生，别人会怎么看，会不会认为我很差。父母的同事会怎么看待他们，我从小就是爸妈同事眼中的好孩子，大家都是以我为榜样，如果我这次研究生考不上，他们怎么看我，怎么看我爸妈。一想到这些，我就受不了"。

我想这个问题的机制应该是这样的。

首先，过度的表扬，使得内在的学习动机转变为外在的动机。我们先来看一个故事，故事的题目叫作"你是为了什么而玩"。一个老爷爷的屋后有一大片草坪，几个喜欢踢足球的孩子发现了之后高高兴兴地来踢足球。这影响了老爷爷的休息，于是他想出一个好办法。老爷爷对他们说："你们足球踢得很棒，每个人奖励20元。"拿到钱的孩子非常高兴，于是第二天他们又来了，玩得更起劲了。但老爷爷今天说："由于自己没有工作了，没有了收入，只能少给一些了，每人就奖励10元吧。"钱虽少了，孩子们还是可以接受的。但第三天钱减到了5元。第四天，老爷爷说自己没钱了。孩子们一听，那还踢什么，再也不来了。老爷爷成功地把孩子们对足球热爱的内在动机转化到了为钱而玩的外在动机上。

而这些学生也一样，从小就优秀，因此深受爸妈、老师以及其他人的喜欢。他们也成了其他伙伴和同学的榜样。他们每每取得优异的成绩以及在人际交往中表现良好时，都会招来不断的赞美和表扬以及物质奖励。比如隔壁人家的孩子没有考好，他们一定会这样说"看隔壁叔叔家的某某，考得这么好，你咋就这么笨呢？"，尤其是见了他们的父母还会夸奖一番"看你家孩子多优秀，我家那个就笨死了，成天就知道玩，不知道学习"。通过这样的外部奖励，他们对知识的内在求知欲被转化到了为了重要他人的奖励而学习。

其次，通过观察学习的机制，他们知道了落后就要被惩罚、被嘲笑。观察学习理论是美国心理学家班杜拉提出的一个非常重要的学习理论。该理论认为，人们不必事事经过亲身体验，而只通过观察他人（榜样）所表现的行为及其结果，就能学到复杂的行为反应。这些学生在体验被表扬、被奖励的同时，观察到其他学生落后就会被惩罚、被批评，甚至被嘲笑。因此，害怕自己会成为和他们一样的人。

通过这两个机制就会形成这样的信念：优秀是好的，可以带来好的奖励和感觉，而落后或犯错误会被惩罚。从此，优秀就成了努力的一个动力，有人拼命保持优秀，但是又极其害怕犯错误，因为犯错误意味着被惩罚、被讽刺、被看不起。我们会发现，这样的学生承受挫折和压力的能力非常脆弱，他们只能优秀，而一旦达不到自己的标准，就全面否定自己，一蹶不振。所以，他们的努力并不是为了获取知识，增长能力，是为了给别人看，是为了当别人的榜样。所以，他们极度在意别人的看法，怕别人看不起自己。这样的人虽然表面上很优秀，但是内心却非常焦虑，压力很大，而且内心很孤单和空虚，并不知道自己为了什么而努力，为了什么而活。

第二部分

法科大学生心理素质提升的途径

第三章

构建以内容输出为主的心理健康教育体系

心理健康教育体系作为四大体系中占比最重、影响最广的组成部分，一直备受重视。学校应当将大学生心理健康教育纳入人才培养环节，通过心理健康课程、团体心理辅导、心理健康知识宣传、5·25心理健康节等载体，由点及面，连线成网，全方位开展心理健康教育工作。

一、重视课堂教学，发挥课堂教学的主渠道作用

为进一步提高法科大学生心理素质，促进法科大学生身心健康，应当持续开发、不断完善心理课程内容和体系，发挥心理课程在心理健康教育中的主阵地作用。《中共中央关于进一步加强和改进学校德育工作的若干意见》中提出"要积极开展青春期心理卫生教育，通过多种方式对不同年龄层次的学生进行心理健康教育和指导，帮助学生提高心理素质，健全人格，增强承受挫折、适应环境的能力"，《普通高等学校学生心理健康教育课程教学基本要求》中也明确提出高校要面向全体学生开设必修课，通过集知识传授、心理体验与行为训练为一体的心理健康课程学习，使学生在知识、技能和自我认知三个层面达到教育目标，促进学生全面发展。由此可以看出，大力发展心理健康课程符合国家要求和政策精神。

当前，我国高校的心理课程授课体系主要由第一学期的公共必修课程和其他学期的公共选修课程构成。大一新生入学后，除必要的新生入学教育外，还需统一接受作为通识课程一部分的《大学生心理健康教育》公共必修课程，这一设置保证了心理健康知识科普

360度无死角、100%全方位覆盖到每一位在校学生，同时让学生了解到准确、及时、有效的心理求助渠道，进一步预防了心理危机事件的发生。而其他学期的心理健康选修课程则保证了心理课程内容的丰富性和全面性。不同年级、不同专业的学生对心理课程的需求各不相同。比如大一新生往往要面临适应和融入新集体的问题，大二学生常常面临人际交往、压力和挫折问题，大三学生要面临时间管理和就业压力的问题，大四学生则需要应对毕业压力和分离带来的情绪问题等。

（一）法科高校心理健康教育对象的心理特征

为了探索科学的课程内容和组织形式，我们首先应当了解授课对象的心理特征。如今，大学校园已渐渐成为"00后"的舞台。新时代学生具有新特征，可以用"一二三四"来概括他们的特征。他们有"一个中心"：以自我为中心；"两个矛盾"：自我与交往的矛盾、理想与现实的矛盾；"三个意识强"：竞争意识强、创新意识强、法制意识强；"四个压力大"：学业压力大、经济压力大、就业压力大、心理压力大。只有充分走近他们、了解他们，才有可能设计出贴近时代、符合学生心理需求的心理健康课程。

在物质生活和精神生活高速发展的今天，时代的发展也向高等教育提出了新的挑战。首先，随着高等教育的普及，高校连年扩招，师生比越来越小，尤其是在一些重点院系，每个年级的学生众多，辅导员很难一一兼顾每个学生的心理需求，部分学生难以得到辅导员和班主任的关注。大学生活较中学生活本就需要更高的自制力，灵活的课程设置更需要学生提高自身的时间管理能力。在这样的背景下，部分学生进入大学后，一下子失去了老师和家长的监督，变得不知所措，而繁多的学习任务、社团活动和人际交往活动往往会打乱自己原有的安排，导致生活失去秩序，挫败感接踵而至。

其次，发达的网络是一把双刃剑，网瘾这一心理问题也发展出了新的表现形态。网络一方面为大学生提供了畅所欲言的平台，另一方面也让大学生更易受到社会舆论的影响。尤其对于法科大学生来说，关注时事、关注舆论、善于思考、乐于表达是多数法科大学生的特点。如今自媒体遍地开花，在网络舆论的引导下，大学生的思想很容易被引导甚至被利用。部分大学生出现"愤青"思想，整日愤世嫉俗，热衷于网络骂战，对待现实生活态度消沉，甚至做出破坏社会秩序的过激行为；也有部分大学生过度沉溺社交网络平台，为了维护在社交网络平台上的自身形象花费了大量的时间和金钱，脱离了现实生活；还有部分大学生沉迷于网络游戏，我们常常看到一些大学生，在原本应当去上课、自习或考试的时间却停留在宿舍打游戏，或是在考试的前夕去网吧通宵打游戏。这样的行为严重损害了他们的身心健康，造成学业不良，打击了自信心，形成恶性循环。

最后，经济的发展、贫富差距的拉大也会对大学生的心理造成影响。一方面，经济高速发展的社会是一个充满了诱惑的社会，部分大学生容易陷入浮躁的氛围中，无法专心学业，进而对自身的价值和未来道路的选择产生困惑和迷茫；另一方面，贫富差距越来越大，造成了大学生之间的分层。家庭经济条件悬殊的大学生心理距离有拉大的趋势，在经济条件较好的大学生中，一部分大学生相信"读书无用论"，思想上向"钱"看；经济条件较差的大学生则容易出现自卑心理，常常可能陷入对自我的怀疑和否定中，这些都需要心理健康工作者的合理引导。

可以看到，无论是"新生代"，还是"新时代"，都给心理健康课程的设置提出了新的挑战，只有充分了解时代背景，充分了解学生心理，才能够设计出让高校学生喜闻乐见、符合高校学生成长成才目标的科学的心理健康课程。

（二）法科高校心理健康教育课程内容与体系的设置

法科高校心理健康教育课程内容与课程体系应当如何设置？从以往的教学经验和当下的教学实际出发，结合心理健康教育相关实证研究，本书提供以下几方面建议：

1. 尊重学生的主体性，建立平等的课堂氛围，丰富教学方法和教学内容，教、学、做合一

从主体间理论的角度看，如果将心理课堂上的教师和学生看作主体与客体的关系，往往就会将人异化为"物"，忽视了学生的主观能动性。在传统心理课堂上，教师往往重视理论的灌输和知识点的讲解，需要学生发挥创造性之处较少，教学效果难以提升；而在主体间理论下，学生也是主体，教师与学生的关系是主体与主体之间的关系，彼此平等、尊重、理解、倾听。这一关系更加灵活，在心理课堂上，这样的关系模式更能够引起觉察和反思，激发交流和讨论，促进学生和教师共同的心理成长。

具体到课堂教学中，首先要吸引学生主动参与。在心理课堂上，教师应当为学生创立一个安全、温暖的教学和人际环境，教学环境属于隐形课程的一部分，教师在课堂上为学生提供的人文关怀能够潜移默化地影响学生的成长，塑造学生良好的心理品质。

其次，心理教学应当丰富教学手段，采用体验式教学方法，教、学、做合一，师生之间充分互动，引导学生自我觉察和自我成长。在这一过程中，教师与学生平等对话，学生的创意和展示也可以为教师授课提供思路，学生之间的交流讨论更是容易碰撞出思维的火花，促进彼此的成长。例如，讲述"时间管理"一课时，传统教学课堂会从时间和时间管理的概念出发，讲授时间管理的方法和意义。这样的教学内容偏理论输出，很难引起学生的共鸣。在体验式课堂上，教师可以发起"时间拍卖"的活动，准备拍卖槌、摇铃等教具，在拍卖时，向学生展示不同的拍卖"商品"——需要花费时间获取的东西，例如事业、健康、爱情等，在拍卖开始时，每一位同学手中都有一笔"财富"，也就是自己拥有的时间，每个人的"财富"值都是相同的，喻指时间的公平性。拍卖开始后，针对每一件虚拟的"商品"，每位同学都可以竞价，但只有出价最高的同学可以获得该"商品"。在拍卖过程中，学生切实体会到合理分配时间的重要性，也反思了当下最看重的"商品"是什么，从而体会到时间管理对于自身的意义。

德国哲学家雅斯贝尔斯曾说，教育就是一棵树摇动另一棵树，一朵云推动另一朵云，一个灵魂唤醒另一个灵魂。在体验式教学中，师生双方通过充分、平等的沟通，通过心灵的触动达到更好的教学效果。这种方法更容易感染学生，教学效果也将事半功倍。

2. 将大学心理健康教育课程与思想政治教育相结合

从目标上来看，心理健康教育和思想政治教育是一致的，都是为了帮助大学生树立正确的人生观、价值观和世界观。高校的思想政治教育体系往往比较完善，有专门的思想政治教育队伍、课堂和阵地，相比之下，心理健康教育工作需要完善之处尚有许多，因此，可以将心理健康教育融合到思想政治教育之中，借鉴思想政治教育的方式，实现"一加一大于二"的效果。

一方面，思想政治教育课程能够保证心理健康教育的大方向不偏离，起到坚定理想信念，为学生发展指引方向的重要作用；另一方面，心理健康教育为学生发展保驾护航，是学生健康成长的安全网，高校只有保证了学生的心理健康、心灵阳光，才能完成立德树人的根本目标。

当前，我国高校思想政治教育和心理健康教育协同工作尚未成体系，可以完善的地方还有很多。

首先，一批专业的师资队伍亟待培养。高校辅导员往往奋斗在思想政治教育和心理健康教育一线，承担着立德树人的重任。然而，高校辅导员接受过系统心理学教育的比例并不高，心理健康知识的匮乏导致对学生心理健康问题重视不够，甚至出现少数辅导员对学生的心理状态完全漠视，对心理危机的干预十分不到位的情况。思想政治课程教师往往也并非心理学专业科班出身，对心理健康问题知之甚少，这一现状加大了心理健康教育课程与思想政治教育结合的难度。

其次，课程体系较为分离。心理健康教育课程中较少出现思想政治教育内容，思想政治教育课程中也鲜少有心理健康教育的影子。这种授课方式过于单一，在形式上难以吸引学生注意力，在内容上常常是老生常谈，无法满足学生的综合需要，脱离了学生学习和生活的实际，最后课程的开设往往只是为了应付学时，流于表面。

针对以上问题，法科高校应当高屋建瓴，从顶层设计交叉课程，同时强化复合型人才培养，在教师队伍中打造一支将思想政治教育与心理健康教育有机结合的生力军。打造复合型人才既要从培养目标、培养内容和培养方式上下功夫，例如为专职教师提供专业心理健康教育知识培训，还应当有切实的激励措施，例如将心理健康教育效果与职称评定相挂钩，同时，鼓励心理健康教育课程教师在课堂中引入思想政治教育内容，丰富课堂内容，创新教学形式。例如，有的老师会选择在课间十分钟、十五分钟的间隙播放思想政治教育的短视频。这种形式新鲜、有趣，能够迅速抓住学生的注意力，通过这种耳濡目染、润物细无声的方式，利用短短的课间完成一场别开生面的思想教育课。再次上课时，还可以将短视频内容作为正课内容的引子，与同学们展开讨论。

3. 创新课程组织形式，开发心理慕课体系与心理微课程

在互联网时代，心理健康教育课程的开发也在不断与时俱进。当前我国高校心理健康教育发展面临的主要矛盾是供给与需求不均衡的矛盾。一方面，学生的对心理健康教育课程的需求日益突出；另一方面，心理健康教育课程的供给侧存在诸多问题，传统课程宣传不到位，信息传播过程常常受阻；传统课程供给不精准，无法满足学生自主成长的需求；传统教育资源不均衡，无法实现精品课程的全覆盖。

为解决传统心理健康教育课程的不足，慕课体系应运而生。从2016年起，由吉林大学、清华大学、北京大学、北京师范大学、南京大学、中山大学等多所高校共同搭建、创立了一套《大学生心理健康》慕课体系。这套课程设置为2学分、36学时，其中线上学习28学时，线下跨校课堂直播8学时。

这一套课程整合了高端师资队伍，让更多的大学生能够享受到

优秀的教育资源。同时，这套课程体系设计完整，涵盖了学生从入学到毕业各年级、各时段可能遇到的各类心理问题，课程内容设计充分考虑到国情，为心理课程内容的本土化作出了巨大的贡献。为保证慕课的质量，从课程建设，到课件制作、课程体验、平台推广，每个环节都层层把关，在课程上线前由专家充分研讨、集体评审，确保了课程质量。《大学生心理健康》慕课上线运行四个学期后，在全国范围内的选课学生达73万余次，课程的综合满意度达90%以上，同时入选了首批国家精品在线开放课程。

好的慕课课程不仅要有精品课程内容，还要有完善的配套运营体系，以保证授课能够按期、保质、保量地完成，《大学生心理健康》慕课课程为此建立了一套完整的教学质量保障体系。这一体系由学校层面、学校相关部门层面、助教层面和学生朋辈层面构成：首先，由学校整体设计课程内容，制定相关政策，规范教学行为，为慕课教学提供制度上的保障；其次，由学校相关部门负责政策的有效执行，通过教务处、心理健康服务中心、学生处等各部门的合作，确保教学任务有序开展；再次，在助教层面上及时沟通，做到不断优化课程内容，随时掌握课程进度，及时调整课程设计，有效提升课程质量；最后，通过朋辈层面群体层面的建议，实现对慕课体系自下而上的补充和完善。

《大学生心理健康》慕课体系的建立，对于把握互联网时代特点，创新心理课程教学形式起到了示范性作用。除了作为通识教育课程存在的慕课外，我们还可以通过开设分主题、分专题的心理微课程，来探索心理健康教育的创新途径。

微课程是针对某一专门的知识点做讲解，然后录制成10~15分钟的课程，经常以线上教学的形式展开，它具有即时性、短小、精悍、共享、趣味等特点。以专题形式展开的心理微课程能够贴近学生生活实际，容易吸引学生的注意力，达到良好的教学效果。以中国政法大学为例，每学期都会推出不同主题的心理健康教育在线微课程，心理微课程分为入学适应、人际交往、时间管理、就业指导等多个主题，覆盖面广、形式灵活，不受时间和空间的限制，这一优势尤其体现在新生教育环节中。在新生入学前的暑假提前上线微课程，微课程网址随录取通知书一起寄送到新生手中，可以让新生提前适应大学生活，感受高校学习氛围，为即将到来的新学期做好心理准备。

4. 结合当地实际，多角度切入，积极开发地区课程和校本课程

在心理健康教育课程上，要充分发挥创新精神。只有民族的，才是世界的。我们要尊重并积极运用民族的、传统的东西，将其融入心理健康教育课程中，充分体现文化自信。例如，有研究者提出，可以将茶文化融入高校大学生心理健康教育教学中。茶发源于中国，有着近5000年的历史，对人们的生活起居和精神面貌产生了深刻的影响。古籍《茶经》提出，茶人应具备的德行和品性为精、行、俭、德。中华茶文化博大精深，其中"和"是茶文化的核心思想，茶道中的"和"表现为平衡适宜、恰到好处、尊重他人、守序明礼，这些品格都可以引入心理健康教育课程的教学中。

在实际教学中，可以结合当地特色茶文化进行教学。例如，借云南大理白族的"三道茶"，教会学生每个人个性各不相同，天生我材必有用，以及如何与不同性格的人和睦相处的道理。在高校教学中，可以使用不同的教具，丰富学生对茶文化的感官体验。例如：邀请茶艺师举办茶文化讲座，通过校园广播宣传，共同阅读茶文化

书籍并举办读书会等活动。通过对茶文化的学习、对茶道的感知和体验，能够帮助学生培养宽和、豁达的心理品质，降低焦虑和抑郁情绪，同时提升文化素养，增强民族认同感。

5. 完善考评方式，以学生解决实际问题的能力为评估重点

目前，大学心理健康教育课程考评方式主要是闭卷考试和撰写论文两种，然而，这两种考评方式往往很难检测出学生解决实际心理问题的能力。为进一步提高教学评估的信度和效度，考评应从平时抓起，重视形成性评价。

形成性评价是在教学过程中进行的评价，其评价目的是发现每个学生的独特性，充分发掘学生的发展潜力，而不是仅仅为了甄别和选拔。在高校心理健康教育课程中，将课堂出勤率、课堂参与度纳入考察范畴，能够提升学生课堂参与的积极性。同时，还可以利用课后作业提高学生的参与度，以小组作业的形式促进学生之间的合作，鼓励学生以心理剧、心理歌曲、微视频等形式表达自己对课程的想法，寓学于乐，学以致用。

在期末运用到总结性评价方式时，可以多设计开放性考题，侧重于问题解决能力的测查。例如，可以多使用案例解析题，选择发生在学生身边的案例，请学生用心理学知识进行解析，进而考查学生对于知识的理解和应用程度。

有研究者发现，还可在大学生心理健康教育课程考核中应用量规评价。量规评价通常用于评价非客观性的试题或任务，是一种结构化的定量评价方式。对于一些需要记忆的心理学知识点，采用量规化的评价方式可以避免受到阅卷人的主观影响，结果更加公正、准确。因此，合理使用量规评价可以提高学生的学习质量，同时也

要注意，对于心理健康学科而言，量化评价应和定性分析相结合，综合考察学生的知识掌握水平和心理健康素质。

总的来看，相较于开展个体咨询和小范围的团体心理活动，心理健康教育课程服务于绝大多数在校学生，宣传度更高、覆盖面更广，从以往研究来看，心理健康教育课程可以有效降低大学生的心理困扰程度，提高大学生的积极心理品质。同时，我们也必须看到，心理健康教育课程在我国发展时间不长，现行的心理健康教育课程体系尚未完善，已有许多专家和研究者在探索心理健康教育课程的有效创新途径，除了上述提到的建议外，还有许多其他可探索的路径。例如：引入素质拓展训练方式，引入翻转课堂理念，利用自媒体平台进行线上教学等，具体采用何种方式展开课堂教学，要依据课堂实际和学生接受度而定。只有设计出真正符合学生需求、高质量的心理健康教育课程，才能做到从平日做起、从点滴做起，有效预防心理问题的产生。

二、完善心理健康教育工作体系

在心理健康教育体系中，除课堂外，还应通过团体心理辅导、心理健康知识宣传、5·25心理健康节等载体，全方位开展心理健康教育工作，真正实现以下五个目标：

（一）覆盖有广度

通过开设全校范围内心理健康教育公共选修课程、部分专业新生心理健康教育必修课程以及线上分校区、分主题的心理健康教育微课程，保证心理健康教育课程辐射到每一位学生。其中，心理健康教育公共选修课程可由专职咨询师共同开设，面向全校选修，保证授课时长，系统介绍心理健康知识；另外，可结合相关专业开设新生心理健康教育必修课程，将心理健康科普从开学第一课做起；最后，通过开设新生适应、宿舍关系、危机识别和时间管理等各个主题的网络心理微课程，扩大心理健康教育课程覆盖面，以活泼新颖的授课形式、丰富实用的授课内容提高学生对心理健康问题的关注。

除心理健康教育课程外，专任教师要在课堂教学和专业学习中，注重发挥人格魅力和为人师表的作用，建立起民主、平等、相互尊重的师生关系。辅导员、党团工作者和专兼职心理健康教育教师要将心理健康教育与班级工作、党团活动、校园文体活动、社会实践活动等有机结合，充分利用互联网等现代信息技术手段，多形式、多途径开展心理健康教育。

（二）活动有深度

学校应积极开展各类团体辅导活动，做到活动有深度，充分发挥团体辅导的育人作用。

常规团体辅导可分为新生团体辅导（秋季）和毕业生团体辅导（春季）。其中，新生团体辅导旨在帮助新生正确认识自我以及尽快融入新集体、适应新环境，毕业生团体辅导重在引导学生总结大学生活的得与失，展望美好未来。常规团体辅导活动的开展常常以班级为单位，与各院系相互配合，由辅导员组织报名，心理中心组织和邀请专家开展团体辅导，具有长期存在、持续发展的特点。

系列团体辅导为专题团体辅导，围绕5·25心理健康节展开，每期团体辅导活动持续8~12次。专题团体辅导于每学期初确定主题、招募组员，通过面谈筛选出符合条件的学生参加，致力于满足一部分在成长中存在心理疑惑，但尚不需要心理咨询的学生的心理需要，既提高了心理问题的解决效率，也分担了个别心理咨询数量剧增的压力。专题团体辅导通常在学期初以张贴海报、网络推送等形式进行宣传，鼓励学生自由报名，在一学期结束后，问题尚未解决的学生可继续报名参加下一期，在团体中形成"老带新"氛围，确保团体长期、可持续发展。

除团体辅导外，学校还可以组织学生开展"读书会"活动，读书会一般在学期初招募，组员15~20人，每周一次，持续整个学期。由专业咨询师带领学生，深度阅读心理学书籍，解答学生的心理疑惑，提升学生的心理素质。

（三）专业有高度

为提升心理健康教育工作的专业质量，可围绕两个阵地开展专业工作。

一是作为5·25心理健康节的重要组成部分，每学年在全校范围内组织举办高水平讲座，邀请校内外知名专家进行心理健康知识科普；二是为有经验的专职心理咨询师打造个人心理工作室，如设立通过信件往来解答学生疑惑、宣传心理健康知识的"心情驿站工作室"，组织心理健康工作学术沙龙的"心之港湾辅导员工作室"等。个人工作室由资深心理咨询师主导，特色鲜明，致力于用专业知识为法科大学生的心理健康保驾护航，打造法科高校特色心理品牌。

（四）宣传有力度

法科高校应充分利用多平台、多渠道，全面推进心理健康教育宣传工作。首先是线上与线下相结合，其次是通过学校、学院、学生三级联动，增强宣传力度。

在线下宣传部分，一是学校应当与学院紧密合作，以院系为单位开展各项心理健康活动；二是以5·25心理健康节为主要活动阵地，开展各类形式多样的心理健康活动，吸引师生广泛参与；三是在校园内印发各类心理健康知识手册，悬挂心理健康横幅，设计心理健康活动海报，张贴心理日历和宣传图，通过图文并茂的形式和活泼有趣的内容，帮助大学生了解心理健康知识。

在线上宣传部分，一是定期发布活动通知和总结新闻，如高水平的讲座活动、团体辅导活动、5·25心理健康节活动等，提高学生对心理健康的关注度。二是充分利用网络新媒体，长期在各类官方微博、官方博客、抖音等线上媒体发布心理健康科普知识，提高宣传力度。加深与其他部门的合作，共建法科大学生心理健康教育文化品牌，推出心理栏目，如与官微合作，推出"纸短情长"栏目，以回信的形式解答学生心理疑惑等。另外，深耕自有心理品牌，运营校内心理咨询中心公众号，通过公众号向大学生宣传心理健康知识，号召大学生积极参与心理健康活动，如心理明信片设计大赛、心理微故事大赛等。三是整合校内心理健康资源，在宿舍、教学楼等地投放"心理健康教育一体机"，实现线上心理科普、心理自测、心理预约、智能干预等多项功能一体化。

综上所述,通过实现覆盖有广度、活动有深度、专业有高度、宣传有力度四大目标,基本构建以内容输出为主的心理健康教育体系,实现心理健康教育的多层次和全方位建设。

第四章

构建以心理咨询为主的学生心理问题解决体系

一、高校心理咨询概述

（一）高校心理咨询的界定

高校心理咨询是运用心理学的理论和方法，帮助大学生认识自我、接纳自我、完善自我，提高心理调节能力，解决成长中遇到的各种心理困惑，开发潜能、健康成长。心理咨询是一项专业性很强的工作，须由受过专业训练、具有专业资格的人员来承担。心理咨询中心在处理与学生发展相关的工作当中，应当保持其专业的独特性，保证学生对心理咨询的专业信任；同时，为了促进学生的健康发展，也应当与学校各相关部门以及各院系保持密切的联系和有效的沟通配合。

（二）工作原则和目标

高校心理咨询应坚持发现性为主的咨询原则，以积极取向的心理咨询理论方法为主，开展学生的个体咨询和团体咨询，提升学生的自我认识和自我接纳水平，提高学生解决问题和自我发展的能力，完善人格，培养良好的个性品质，挖掘其心理潜能。

（三）工作范围和形式

高校心理咨询工作的对象是全体学生，工作形式以发展性咨询为主、支持性咨询为辅，承担对心理危机学生的识别与转介工作。发展性咨询旨在提升学生的心理发展能力，协助学生解决在学习、恋爱、人际交往、职业发展、生涯规划、自我认识和人生意义探寻等方面的一般心理困惑，促进其健康成长。要做好新生、应届毕业生、家庭贫困学生以及学习困难学生、失恋学生、违纪学生、言行异常学生的心理辅导和咨询工作，帮助他们化解心理压力，克服心理障碍。支持性咨询针对的是经精神科医生确诊并治疗的具有心理障碍或心理疾病恢复期的学生，学校在其诊疗和恢复期间应给予配合和支持。对有较严重的心理障碍或精神疾病倾向的学生，进行初步评估和识别后，及时转介至专业精神卫生机构做进一步的诊断和治疗。

二、法科高校心理咨询工作的建设

学生心理问题解决体系作为日常工作的主要组成部分，致力于解决学生在日常生活遇到的心理问题和心理障碍。法科高校心理咨询工作的建设包括以下几种措施。

（一）保障法科大学生心理健康教育工作的物质投入

学校应保障心理健康教育工作经费，按照人均20元的标准配置心理健康教育工作经费，并根据具体情况设立专项经费。加强心理健康教育和咨询场地建设，保证有充足的个体心理咨询室和团体辅导室，实现不低于100平方米/6000名学生标准配备个体心理咨询室和团体辅导室的标准。心理健康教育和咨询场地的建设应符合大学生心理健康教育工作的特点和要求，能够满足学生接受教育和咨询的需求。学校应为心理咨询室配备音乐治疗椅、沙盘、录音录像设备，为心理健康教育与咨询中心配备必要的办公设备、常用心理测量工具、语音转录软件、统计分析软件等心理健康教育产品，更新新生心理测评系统和图书、光盘、期刊杂志等心理健康类学习资料。

（二）加强大学生心理问题解决体系师资队伍建设

在心理咨询工作队伍建设方面，学校应建设一支以专职教师为骨干，专兼结合、基础扎实、专业互补、相对稳定、素质较高的大学生心理健康教育和心理咨询工作队伍。学校要按1：3000的师生比配备大学生心理健康教育专职教师，满足学生的心理咨询需求，保障心理健康工作发展。从事心理健康教育的专职教师，应具有心理学硕士以上学位和国家规定的专业资质。心理健康教育专职教师应当持续接受专业培训（每年不低于40学时）；积极参加各类心理专业学术团体召开的高水平学术会议，保证专业水平。心理健康教育专职教师专业技术职务评聘和表彰纳入学生辅导员队伍序列。

学校应加强与医院等社会机构的合作，建立校医协作机制，聘请精神科医生担任学校心理健康教育和精神卫生顾问，提供坐诊、心理咨询等专业服务，解决学生的心理问题。

（三）完善全员参与学生问题解决的工作体系

学校全体教职员工都负有教育引导学生健康成长的责任，学校应着力构建和谐、良好的师生关系，强化全员参与法科大学生心理问题解决体系的意识。学校应加强教职工心理健康教育意识的培养，将心理健康教育内容纳入新教师培训课程体系，在教职员工中普及心理健康知识，通过对辅导员、导师、专任教师、班主任及其他教职工的培训，提高教师发现、识别和解决学生心理问题的能力。

学生心理健康专题培训应纳入新教师、新导师培训体系，深入开展"教师心计划"，在广大教职工深入开展心理健康教育普及工作，不断提升广大教职工的心理健康水平，形成良好的师生互动和良好和谐的心理氛围。

学校应加强与学生家长的合作，指导和帮助家长树立正确的教育观念，加强与学生家庭的沟通，以积极健康和谐的家庭环境影响学生，强化家校合力育人，提升学生心理问题解决的工作实效。

（四）探索多入口心理咨询预约平台

为进一步满足学生的咨询需要，学校应不断推进预约网络化工作，逐步搭建网络预约平台，实现电话、网页、手机微信、一体机等多入口预约心理咨询的功能。

在"互联网+"的时代背景下，线上心理咨询逐渐凸显出重要地位。尤其对于一部分确有需求的高校学生，当受限于时间、空间、现实条件难以面对面咨询时，通过电话、QQ视频或语音等形式开展的线上咨询提供了更多的选择和更多的可能性。在寒暑假、周末及其他法定节假日期间，线上可以突破时间限制，给学生提供更加及时的服务；对于在校外实习或因交流、访学等原因不在本校的学生，线上交流可以突破空间限制，实现随时随地的咨询；对于患有疾病、行动不便或存在社交障碍的学生，线上咨询也可以提供更多的选择，使高校心理咨询工作真正做到让学生触手可及。

值得注意的是，线上心理咨询机制尚不完善。线上咨询的流程是否合规、咨询资料云存储是否安全、咨询师与来访者的个人信息能否保密、如何保证线上咨询体验的质量、如何平衡对线上咨询的内容的有效监管和维护来访者的隐私不受侵犯之间的关系，以及其他许多由线上咨询引发的新问题，都亟待关注和解决。

三、法科高校心理咨询规范化与专业化建设

（一）管理的规范化

1. 合理统筹时间安排，以满足学生咨询需求

学校要根据学生咨询的需求量制定确切的工作时间表，在咨询室外和网络预约系统等平台进行展示。个别咨询每个单元的时间一般为50分钟左右，具体咨询次数需要根据学生心理问题的严重程度合理安排。

2. 档案管理规范化

心理咨询要有规范的咨询记录，记录包括个人基本信息、来访者主诉、成长史、咨询过程、心理评估、咨询方案等内容，与来访者签订咨询协议，并进行妥善保管，注意保密。如果咨询要录音或录像，必须在咨询前与来访者签订相应协议。这些资料的管理需要由专人负责，并在固定场所放置，以确保不会泄露或丢失。

3. 对心理咨询师管理的规范化

对于兼职心理咨询师的管理，在招聘、考评、培训等方面制定详细的标准和制度。

（二）心理咨询场所的规范化

法科高校心理咨询必须设有专门的工作场所，地址能够容易被学生找到，但又不暴露在大多数人的视线下；咨询室需要按专业要求进行建设，室内布局合理，有比较好的隔音设施，配备电话、电脑等必要设备。

心理咨询场所必须建有专门的接待室、个别咨询室、放松宣泄室、教师办公室、团体辅导活动室、心理阅览室和心理测验室等。比如：接待室内应有心理咨询的范围、程序、原则和咨询师个人情况等的介绍，备有座椅和书籍、杂志等；个别咨询室面积应在10平方米左右，房间要求阳光充足，通风良好，房子周围最好有绿色植物，室内颜色以淡雅为宜，座椅应比较舒适，按专业规定摆放，并备有纸巾、时钟以及简单装饰。

（三）咨询流程的规范化

1. 预约

预约是咨询工作的第一步，来访者寻求心理咨询需要提前预约，由咨询师助理负责接待，心理咨询师助理必须经过专业培训，考核合格后方可上岗。心理咨询师助理需要首先向来访者介绍心理咨询的基本形式，心理咨询解决问题的范畴等内容，让来访者对心理咨询有一个初步的了解。然后，心理咨询师助理进行简单的询问，了解来访者的基本情况，大致判断来访者所要咨询的问题范围。让来访者填写《个体心理咨询预约登记表》，以了解其要咨询的主要问题、来访者对咨询员的要求以及能进行咨询的时间，并向来访者介绍心理咨询师的情况，然后作出咨询安排。在等候期间，如果心理咨询中心安排出现变化，中心工作人员要提前 24 小时通知来访者，并与之商量重新安排咨询。咨询中心一般应尽量避免咨询安排的变动，以免给来访者和咨询师双方带来不便。

2. 初始访谈

初始访谈是指咨询师与来访者第一次接触，通过交谈、心理测验等过程，收集资料，进行评估的过程。初始访谈的主要任务是充分了解来访者的信息和资料，澄清事实，同时建立良好的咨询关系。这个过程根据来访者问题的性质、不同的咨询流派会有不同的时间，短则一次，长则七八次。初始访谈结束后，咨询师应对来访者进行基本的心理评估，确定其心理困扰是否属于心理咨询的范围，是否需要继续咨询及相应的次数，以及是否需要转介到其他相关部门。

3. 心理干预

心理干预是在初始访谈基础上开始的进一步的心理咨询过程。在咨询过程中，咨询师需要严格遵守咨询原则和职业伦理，并根据来访者问题的性质采用不同的心理咨询技术，帮助来访者改变其认知与行为，促进其社会适应能力与人格成长。咨询过程中，咨询师要做到真诚、接纳和共情，要保持平等、信任、尊重的咨询关系。对于每一次的咨询过程，咨询师都要有详细的咨询记录。

4. 结束咨询

咨询结束的时间可以由咨询师根据咨询效果来确定，或者来访者主动提出结束咨询。咨询结束时，咨询师要对来访者从多方面进行评估，以确定是否达到咨询目标。同时应和来访者对进一步的发展进行讨论，并告知来访者以后有需要时仍然可以寻求心理咨询的帮助。咨询师需要完成书面的咨询案例报告并存档。

（四）督导制度

心理咨询是一项专业的助人行为，为了更好地助人成长，咨询师自身需要拥有健康的心理和稳定的情绪，需要在专业上不断学习与提高。因此，建立与完善高校心理咨询督导制度，将会成为当前高校心理咨询工作的一项重要任务。心理咨询督导制度的建立和完善，是心理咨询工作发展的必要保障，是心理咨询专业水平和咨询效果的有效保证。

1. 个案督导

个案督导是协助咨询师提升工作能力与心理素质的一种工作模式，是咨询师在督导师的指导下提高自身专业水平的过程，同时也是同行们分享临床经验、澄清思路、提升专业素质的过程。一般选取典型的心理咨询个案，并由负责该个案的咨询师汇报咨询过程、存在的困惑，提出接受督导的目标。

2. 定期组织个案研讨

心理咨询中心每周进行1~2次案例讨论会或其它旨在促进咨询师业务提高及个人成长的培训活动。结合具体案例，帮助咨询师重新分析和梳理来访者的问题，多视角地理解来访者，从而帮助咨询师掌握有效的咨询方法和技巧；相互交流，心理咨询师之间相互学习和反馈，促进咨询师反思自己的咨询工作过程，相互取长补短。个案研讨除每周定期举办以外，如遇到特殊紧急的案例，可临时组织案例研讨会，集体探讨咨询方案，必要时可请校外专家参加。

第五章

构建以学生骨干为主的朋辈心理辅导体系

发展心理委员和心理协会成员为学生骨干，以学生骨干为主体推动朋辈心理辅导体系的建立。首先，以心理委员为主体，培养心理委员作为学生骨干，充分发挥大学生自我教育、自我管理、自我服务的功能。为此，法科高校探索出一套创新型的心理委员培训 - 反馈机制。一方面，通过心理健康主题教育班会的形式推广心理健康教育，增强学生心理自我调适的意识和能力；另一方面，以心理协会为活动阵地，提高活动的宣传效应，鼓励和支持协会开展形式丰富的心理活动，在协会成员内部形成互助、友爱、合作、成长的朋辈心理辅导氛围。

一、发挥心理委员的积极作用

在学生骨干中，心理委员是心理健康的宣传员，是连接学校和学生的桥梁和纽带，是高校心理健康教育工作中的一支重要力量。通过设立心理委员，建立以大学生为主体的心理自助组织，有助于形成一种运行良好的心理自助和互助机制，构建全程全方位的大学生心理健康教育和监护系统。

以往对心理委员的培训大多停留在理论层面，侧重于普及心理健康知识，心理委员的职责主要是宣传、倾听、关注和上报。然而，大学生心理健康教育需求日益增加，心理健康教育问题越发严峻，心理委员作为法科高校心理工作网络体系中的重要一环，以往的培训内容显得过于被动，在新的形势要求下，仅仅做到这些已远远不够。

如何使心理委员的身份从"传话筒"和"探子",逐渐转变为高校心理健康教育的生力军,如何发挥心理委员的主观能动性和创造性,增强心理健康工作的实效性和针对性,扩大心理健康宣传受众面,从而进一步完善高校心理健康教育网络体系,成为亟待解决的问题。

(一) 建立心理委员培训 - 反馈机制

针对这一问题,中国政法大学心理咨询中心从2016年起开始探索建立一种新型的心理委员培训 - 反馈机制。

首先,心理委员属于各班班委会成员,主要以班级为单位发挥作用。已有研究提出,相比一刀切、大水漫灌式教育,"层级化"朋辈互助育人模式更加有效。因此,应当分年级、分阶段开设不同主题的培训课程。例如,大一年级新生初次接触新环境,适宜开展环境适应主题培训;大二年级的学生面临着学业与社团活动、学业与实习的冲突,适宜开展时间管理和人际交往主题培训;大三年级的学生需要在保研、考研、工作和申请出国留学等诸多选择中做出判断,适宜开展自我认知和自我定位类主题培训;大四毕业生则往往面临毕业、就业、升学等多重压力,适宜开展情绪管理类主题培训。

当然,心理健康工作从来不是一蹴而就的,在不同主题的培训中,我们既要尊重学生身心发展的顺序性与阶段性,做到有针对性,也要用长远的眼光看待问题,兼顾学生发展的短期目标和长期目标,根据学生需要,灵活安排培训内容。

其次,对心理委员进行培训,本质上是希望通过心理委员这一"介质",连点成线,连线成面,实现高校心理健康教育网络的全覆盖。因此，在培训中不仅要教理论，也要讲实践。

具体而言，培训内容主要分为以下几个方面：一是明确心理委员的职责，增强心理委员对其身份的认同感和荣誉感，同时组建全校心理委员联盟，提高心理委员的归属感；二是带领心理委员正确认识心理健康的概念，学会区分正常心理与异常心理，同时了解心理求助的多种渠道，以帮助心理委员在工作中准确、及时地发现问题、解决问题；三是加强理论与实践的结合，在不同主题的培训下，带领心理委员学习如何在班级中组织和开展心理健康教育活动，达到寓教于乐、寓学于乐，教、学、做合一，在活动中真正达到提升全校学生心理健康素质的目标。

在过去的尝试中，中国政法大学面向不同年级开展了多次不同主题的心理委员培训。以本科二年级心理委员的人际交往主题培训为例，在培训中，先由心理咨询中心的专职心理咨询师带领各班心理委员学习如何组织心理健康教育班会活动，其中有充满趣味的"说出你的名字""棒打薄情郎"等破冰小游戏，旨在帮助心理委员打破隔阂、迅速熟悉，为未来形成工作联盟打下基础；也有"大风吹""松鼠与大树""心有千千结"等专业性较强的团体活动，旨在引导学生在轻松的氛围中反思自身，进一步思考影响人际关系的关键因素是什么。最后，结合人际交往相关理论的学习，分享良好人际关系的重要性以及人际交往的技巧与策略，进一步将理论与实际相结合，升华主题，加深心理委员对这一主题的理解。

此类内容丰富、形式活泼的培训，可以使心理委员迅速成长，之后，心理委员回到班级，在心理咨询中心的指导下和辅导员及其他班委的协助下，纷纷开展了各具特色的心理健康教育班会活动，提交心理健康教育总结报告，在全校范围内收到了良好反馈，这是以往单纯理论培训难以达到的效果，进一步证实了这种新型的心理委员培训-反馈机制的有效性。

这种新型的心理委员培训-反馈机制不仅可以收获良好的即时反馈，在后续的心理健康教育工作中同样显示出持久的影响力。

以中国政法大学本科二年级心理委员培训为例，在培训后一段时间，共有28个班级发回心理健康教育活动总结报告，每一份报告都呈现出一场精彩纷呈的心理健康活动，这一过程极大地调动了每位心理委员乃至每位参与活动的学生的主观能动性与创造性。

在对心理委员提交的活动总结分析中我们发现，最受欢迎的人际交往类心理团体活动有："大风吹""心有千千结""妙手生花""人际财富图""说出你的名字""信任之旅""棒打薄情郎""立方体心理测试"等。

同时，大多数心理健康班会除了开展活动外，还会通过分享心理健康故事来宣传和普及心理健康知识，例如，分享首因效应和近因效应的影响以提升自身的人际交往技巧，讲述"狼孩"的故事和人际交往剥夺实验来强调人际关系的重要性等。

活动后，心理委员纷纷进行了有深度的自我反思，主要集中在以下几方面：一是发现同班同学之间的了解程度不够，同班一年甚至仍有许多同学叫不上对方的名字，而通过几个小游戏就能够让彼此重新认识、迅速熟悉。因此建立良好的人际关系最重要的往往是迈出第一步。二是认识到人际交往在日常生活中影响广泛。人是群居动物，具有强烈的社会属性，良好的社会支持系统对于一个人的健康发展具有不可替代的作用。三是认识到掌握正确的人际交往方式会让人际交往变得更加轻松和愉悦，尤其是打破以自我为中心的认知误区对于建立良好的社交关系十分重要。

由此可见，这种创新型的心理委员培训－反馈机制在相当长的一段时间内都可以持续产生正向影响。原因在于，作为一支学生队伍，心理委员本身源自学生群体，扎根学生群体，服务学生群体，对心理委员进行培训能够增加其心理资本，心理委员的成长能够极大地带动班级其他同学的成长，发挥榜样带头作用；同时，这样的影响相比自上而下的宣传教育工作更容易让学生接受，避免了学校、学院与学生之间的沟通不畅和信息断层，形成了各环节的良好互动。通过培训－活动－反馈这一闭环，能够使学校及时掌握班级心理健康教育工作进度，适时提出指导与建议，促进心理委员能力提升，增强在校学生的心理健康素质，从大一到大四助力学生心灵成长，形成良性循环。

（二）未来发展方向

在过去两年的探索中，中国政法大学新型心理委员培训－反馈机制渐具雏形，并收获了一定的成果。然而必须认识到，这一机制尚不完备，实践中也发现了一些问题，未来可在以下五个方面继续完善。

1. 加强校、院联动，建立健全高校心理健康四级网络制度，助力培训顺利进行

在学校层面，通过大学生心理健康教育与咨询中心的专职教师，组织对心理委员的培训，持续关注培训进度并及时提出指导意见；在学院层面，通过辅导员和班主任，结合院系的专业特色开展心理健康宣传和教育，并为心理委员组织心理班会提供必要的资源支持；在班级层面，发挥心理健康教育班会主阵地的作用，充分发挥心理委员的主观能动性，以学期为单位，在各班开展不同主题的团体心理辅导活动，系统地、科学地、有组织地带领学生完成自我成长；在宿舍层面，发挥心理委员朋辈互助作用，从生活上给予同学更多"润物细无声"的陪伴与关注，组织更多形式灵活、时间灵活、地点灵活的心理健康活动。

2. 进一步细分细化学生需求，做到有的放矢地开展针对性培训

随着心理委员培训工作的不断推进，如何针对不同的需求设计不同活动，有效解决问题，开展精准培训，是我们接下来需要思考的问题。

首先，宿舍教育在高校四级网络体系中始终是较为薄弱的一环，而宿舍又是多数学生在校期间停留时间最长的地方。因此，我们建议每班推选两位不同性别的心理委员，以便心理委员能够更及时地掌握其他同学的心理健康状况，也有利于开展以宿舍为单位的心理交流活动。

其次，由于不同学院的培养方案、课程设置和专业要求不同，要做到精准培训，建议每个学院分别组建心理委员联盟。这样一来，横向搭建全校的同年级心理委员联盟，纵向搭建同学院的各年级心理委员联盟，形成心理委员联盟网络，更有利于增强心理委员的集体归属感。

3. 将心理委员培训纳入高校思想政治教育体系，吸引更多心理建设的新生力量加入

高校思想政治教育工作任务繁重，由于辅导员日常工作繁忙，很难面面俱到兼顾每位学生的思想发展需求，这时由心理委员担任"朋辈心理辅导员"的角色，能够在思想政治教育工作中发挥重要作

用。因此，将心理委员培训内容和思想政治工作结合起来，加强心理委员与辅导员的联系，将心理委员培训纳入高校思想政治教育体系，既能提高心理委员的自我效能感，吸引更多新生力量加入心理建设队伍，又能形成合力，促进高校思想政治教育工作的发展。

4. 搭建网络培训平台，开发更加丰富的培训形式

在新形势下，高校学生习惯使用多样化的社交网络平台，培训形式也应当与时俱进。互联网是信息传播的新媒体，通过微博和微信公众号扩散心理健康培训知识，定期分享与展示优秀培训成果，有助于建立起良好的长效反馈机制。未来，高校还可以探索上线心理健康小程序，通过线上微课程进行培训，使心理委员培训的道路越走越宽广。

5. 优化评优机制，争取更多资源，为心理委员培训保驾护航

为了使心理委员培训顺利走上良性循环快车道，应当进一步优化评奖、评优机制，对于心理委员在开展工作时的不足要耐心指导，对其取得的成绩要给予肯定并加以总结和宣传。2019年4月，中国政法大学将心理委员组织班级活动的总结报告整理、结集成册，形成《2017级心理健康教育主题班会活动总结》，并在心理委员中树立榜样、广泛宣传。接下来以学期为单位，秉承公平、公正、公开的理念，评选优秀心理委员，激励心理委员自身不断进步，争取更多资源，为培训工作保驾护航。

心理委员是高校心理建设工作的一支生力军，心理委员作用的发挥必须有良好的体系作为支撑，并形成有效的工作机制。面向法科大学生心理委员推出的新型培训 - 反馈机制能够较好地调动其工作的积极性，增加其自我效能感，扩大心理健康知识的宣传面和覆

盖面，弥补以往工作中的不足，使学生由被动接受心理宣传教育转变为主动关注和参与其中。未来，这一新型培训-反馈机制应根据学生实际需要，结合新时代大学生心理发展形势，不断完善、与时俱进，对大学生心理健康工作产生更加深远的影响。

二、指导心理协会作为活动阵地

心理协会是学校一个重要的心理社团，心理协会作为学生活动阵地，能够充分发挥自身的主观能动性，举办一系列贴近学生需求的心理活动。同时，心理协会也可以作为日常心理健康活动宣传的主要阵地，在心理活动的组织中起到不可或缺的协助作用。

除了鼓励和支持协会开展形式丰富的心理活动以外，心理协会成员自身的成长与发展也受到关注。每学期组织心理协会成员学习心理健康知识，利用社团例会开展心理健康科普，带领协会成员阅读心理健康书籍等，在协会成员内部形成互助、有爱、合作、成长的朋辈心理辅导氛围。

为了保障学生骨干工作的长效发展，学校还陆续推出了优秀心理委员、优秀宿舍长等荣誉称号，对优秀学生骨干加以颁奖、鼓励。心理工作的完成度与学生评奖评优挂钩，评奖评优制度的完善也进一步激励了学生工作，使学生工作进入良性循环的发展通道。

第六章

构建以处理突发事件为主的心理危机干预体系

大学生心理危机指的是大学生心理能力不足以面对各种压力或困境时可能产生的对自身、他人或社会造成严重危害的短暂紧急性心理失衡状态。近年来，高校学生心理危机事件时有发生，降低心理危机事件发生率，减少因心理危机带来的生命损失，促进学生健康成长，既是提升学生心理素质的重要内容，也是高校心理健康教育的关键环节。

一、法科大学生心理危机干预体系的功能

一个完善的心理危机干预系统应该具备五大功能。

预防功能：学校应该开展心理咨询、团体辅导、心理健康课程、心理健康知识讲座等多种形式的心理健康教育，提高学生的心理健康水平和适应能力，预防危机事件的发生；

预警功能：辅导员、心理委员在平时的生活中与学生朝夕相处，应该及时发现存在的问题并及时汇报；

干预功能：危机事件出现后，心理咨询与治疗的专业机构应该通过专业途径、方法向处于危机中的学生提供心理干预；

转介功能：学校要与校外专业机构建立联系，对学校现有力量无法解决的心理异常学生，应及时送到有关专业机构接受诊断与治疗；

恢复保健功能：对经过治疗后能够到学校坚持学习的学生，仍要关注其心理保健和自我调节能力，避免复发。

二、法科大学生心理危机干预体系的结构

根据心理危机干预的功能，法科大学生心理危机干预系统应该包括三个子系统：心理危机预防系统、心理危机预警系统、心理危机干预系统。

（一）心理危机预防系统

预防系统有两个层面的意思：一是指平时要通过开展多种多样的心理健康教育活动，预防心理危机事件的发生；二是指心理危机事件发生后，要对处于危机中的学生或者受危机影响比较大的学生进行及时的监控，避免次生危机的发生。

危机事件的发生有一个量变到质变的过程。危机事件发生时，虽然给人的感觉非常突然，但其实是众多细微的变化所致，任何危机事件的发生都不是无缘无故、不可预测的。它给人的感觉之所以突然，是因为人们忽视了量变的过程，直到危机事件发生时才感觉到已经发生如此重大的突发事件。这说明，建立以预防为主的校园心理危机干预系统，将危机事件的发生概率减小到最低，无疑是避免损伤的最佳方法。做好心理危机预防工作，平时要做好心理普查和个别咨询，合理设置课程，充分发挥心理健康委员、心理协会、心理健康教育活动等的作用。实践证明，这些措施对于提高大学生的心理健康水平、预防心理危机事件可以起到有效的作用。

（二）心理危机预警系统

一个完善的预警系统应包括预警指标和排查制度。

预警指标是依据对预警对象（事件、个人）的情况建立一套有监测功能的预警指标体系，并通过预警指标，利用某种理论与经验，分析确定预警对象与危机情势发展之间的因果关系，以此进行危机早期预测。通过预警指标收集信息，分析判断危机的成因、规模、类型、发生频率、强度、影响后果及发展和变化规律，进行危机预测。因此建立一套具体详细的心理危机预警指标对心理危机的干预是非常重要的，尤其是要建立一个根据问题严重性来分级别的预警指标体系，这样可以有针对性地启动不同的干预体系。

学生在校期间出现下列情况时，形成心理健康初级预警：在新生心理普查问卷中，根据不同的筛查工具筛查出的学生；学生自己主动前往学校心理咨询室求助。

学生在校期间出现下列情况时，形成心理健康中级预警：经同学反映有明显异常行为表现；学生主动前往学校心理咨询室求助，经面谈发现有比较严重的心理问题，有潜在的自伤或伤人倾向；学生因不适应大学的学习、压力和挫折，有休学或退学想法；学生有"三无"（无目标、无兴趣、无动力）表现。

学生在校期间出现下列情况时，形成心理健康高级预警：学生近期遭受某种重大挫折、心理受到强烈冲击；学生有自杀未遂史；学生因患精神类疾病休学一年后，返校继续学习；学生表示有轻生想法；学生经同学、辅导员或班主任反映到心理咨询中心，经面谈发现可能有严重的心理疾病或者精神疾病；学生因社会突发事件或者突如其来的自然灾害等原因而出现极度的恐慌心理与焦虑心理。

危机排查工作的目的就是帮助我们有效地发现和识别学生当中的高危人群，对有心理问题的学生早发现、早干预、早防范。

对于心理危机事件，应该做到早发现、早汇报，力争将学生心理危机的发生消除在萌芽状态。我们可以通过三种制度、四支队伍做到早发现、早汇报。三种制度指的是心理普查制度、排查制度和月汇报制度，四支队伍是指心理咨询老师、辅导员、心理委员、研究生导师。高校应对每年的新生进行心理普查，建立学生的心理档案，并根据普查结果筛选出高危个体，建立"学生心理危机预警库"，并与各学院的辅导员、学生的导师一起对这些学生做好干预与跟踪工作；月汇报制度是指，班级心理委员或宿舍长要向心理咨询老师或辅导员每月汇报本班级学生的心理健康状况。考虑到研究生的管理特点，除了每个班级设立一名心理委员外，由于每个导师所带的学生之间交往比较多，我们也可以在每个导师中设立一名心理委员。另外，辅导员应该每个月定期向学院分管学生工作的副书记、副院长汇报学生的心理健康状况。

（三）心理危机干预系统

干预系统包括心理危机治疗体系、支持体系、监控体系。心理危机治疗体系是通过心理学、精神病学的相关知识，利用各种咨询技巧和技术，帮助学生摆脱危机状态，主要由心理咨询机构和精神科医院的专职人员进行；支持体系包括心理委员、辅导员与研究生导师，要为当事人提供力所能及的帮助和关爱；监控体系是对于有危害倾向的学生，比如有自杀或伤人倾向的研究生，要有专门的人进行监控，防止危害性事件的发生，主要由学校保卫处、辅导员、家长与公安机关负责。

心理危机干预是一项复杂的系统工程，仅仅靠学校心理咨询机构的力量无法取得最好的干预效果，要由学校领导统筹规划，成立学生心理危机干预领导小组，由学校分管学生工作的领导任组长，成员应包括学生工作部、保卫部门、医院、心理健康教育机构、后勤管理部门等有关部门负责人。

第三部分

法科大学生心理素质提升的内容与方法

第七章

建立积极健康的思维模式

用语言进行思考,是人类最大的进步,我们可以不用直接去接触现实中的东西,坐在一个地方,就可以想象十万八千里外的情景,以及几十年、几百年、几千年后的情景。通过语言,我们可以认识这个世界,与人沟通、思考解决问题、构建文化传承文明、建立科学知识体系、制订计划、幻想未来、回忆过去、表达感情、创造新事物等。但是语言是把"双刃剑",在我们享受语言带来的便利的同时,如果过度依赖语言的功能,我们就会被语言所控制,被它所束缚。比如负面的自我评价,一旦相信了它们,它们就像绳子一样束缚着我们,让我们的行为僵化。因此,一旦被语言所控制,我们就成为语言的奴隶,与当下的世界失去联系,而活在了大脑之中。

一、为什么消极想法这么多

我们说鱼生活在水里,而人则活在自己的想法之中。我们的大脑每时每刻都在产生想法,即使我们睡着了,也还在做梦。大家可以思考一下自己每天的想法都有哪些。一般来讲,这些想法大体可以分为三类:对自己的、对他人的、对环境的。而不幸的是,我们想法中的80%都会有一定程度的消极内容,比如对自我的:我不够好、我长得很丑、我不可爱、我不能胜任、我注定被抛弃、我毫无价值等;对他人的:他不诚实、他对我不好、他不听话等;对环境的:社会风气太差了、周围环境太差了、跟我想象的不一样等。

为什么我们的大脑这么喜欢关注负面的信息呢?这要从进化的

角度来看，我们的原始祖先生活在危机四伏的原始森林里，他们的力量并不是最强大的，周围潜伏着各种各样的危险。在这样的生活条件下，他们必须时刻保持警觉，注意各种危险，只有这样才可以存活下来。所以那个时候我们祖先的大脑中有一个压倒一切的命令："不要被杀"，无论做什么事情，都要确保安全，先要评估一下环境里的不安全因素，他们的大脑很多时候总是处于警戒状态："注意""小心"。这种思维模式给其后代的我们带来了好处，所以它们被一直保留了下来。

随着社会的进步，安全问题解决了，但是人们却有了更高层次的需求，现在我们所关注的不是被凶猛的动物吃掉、有没有饭吃的问题，而是我们是不是实现了自己的目标和价值，是不是被别人接纳和喜欢，是不是获得了应有的尊重等。

因此，我们的头脑中进化出消极思维，它只是试图做它的第一要务，即保护我们，让我们活下来，避免我们被伤害。

二、我们的想法并不总是客观的、现实的

语言来自对环境的加工，也就是对直接经验的概括总结。那么，这个加工就会存在偏差，并不总是客观的。举个例子，我的一位朋友讲了他女儿的一件事情，有一次他去接还在读幼儿园的女儿回家，他女儿在路上忽然问："爸爸，你说这个世界上，男的多还是女的多？"爸爸反问她："你觉得呢？"女儿眨眨眼睛说："我觉得男的多。""为什么呢？"爸爸问道，女儿回答说："你看我们班上有12个男同学，9个女同学。所以我觉得男的多，女的少。"

我们对自我的认识是不是也跟这个小女孩一样呢？我们当前对这个世界的认识是局部的，对自我的认识也是片面的。但我们犯的最大的错误就是，把这些认识当成了事实，认为这些想法就是真实的，然后被它们所束缚，我们拼命地挣扎，想摆脱它们的控制，而它们就像被施了魔法的绳索，越挣扎捆得我们越紧，使我们的生活越来越狭窄，失去了活力。

另外，人类还有一个特点，就是"吃一堑长一智"，我们会把在一个情境中形成的经验和规则想当然地运用到另外一个情境中去。这样的做法使我们节省了很多内部资源，提高了效率，也避免了再次犯同样的错误。但是，一旦过度运用，也会给我们造成伤害。比如，有位50多岁的男士患了抑郁症，其中一个原因是他认为他的儿子不再需要他了，他对这个家庭没有什么作用了。而我们的咨询发现，其实并不是他的儿子不再需要他了，而是随着儿子逐渐长大，需要父亲的方式发生了变化，不必再事事需要父亲的帮助。这位父亲没有看到这些，还活在儿子小的时候，还想用以前的方法来与儿子沟通，这样的话势必会遇到障碍。当我们把一个经验或规则用到另外一个情境中去的时候，只注意到共同的因素，而忽略了不同的因素，这就好比"刻舟求剑"。我们把在童年时期形成的一些规则和经验，运用到了成年的情境中来，就是在不断重复过去的行为模式，就会造成障碍和不适应。

语言是我们认识世界的工具，而我们不能被语言所控制。打个比喻，语言就像水杯，它是一个客体，我们可以去认识它、加工它，从而让它更好地为我们服务。

三、消极想法的运转方式

（一）四因素模型

首先，我们通过一个四因素模型来看看想法如何影响我们的生活。还记得本书第二章中提到的小明吗？我们分析一下困扰他的两个情境，来看看这个机制的运转模式。

第一个情境：上课时老师提问，他没有想到答案，其他同学的回答得到了老师的表扬。他认为自己连这种问题都回答不出来，真是太笨了，如果这样继续下去，这次期末考试一定考不好。这样的想法让他感到很紧张、焦虑，心跳加快，再也没有办法继续听课，只好起身走出教室去透透气，他心想，这样上课，即使上了也没有什么用处。

这个情境经过分解，我们会发现四个要素：情境、想法、情绪感受（情绪和躯体感受）、行为。

情境：自己没有想到老师所提问题的答案，而其他同学的回答得到老师的表扬。

想法：这种问题都回答不上来，如果再这样下去，这次期末考试一定考不好。

情绪感受：焦虑、担心，坐立不安，心跳加快。

行为：无法继续听课，逃课。

假设小明现在已经明确了自己的价值方向，比如要成为一个知识渊博并与人分享的人，而上课学习是他在这个价值方向指引下的一个行为。那么,他的这个行为现在遇到了障碍,外部障碍是不能理解和回答老师提出的问题,而这个外部障碍引起了他的内部障碍,即对这个事情的评价和看法,其中这个内部障碍才是最主要的。假设小明不这样想,而是认为一个问题回答不上来,说明不了什么,可以先听听别人怎么回答,老师怎么解释这个问题。他可能就知道如何来回答这个问题,并继续坚持自己的上课行为了。所以,内部障碍是我们前进道路上遇到的主要障碍。

现在利用这个模式,我们再来分析第二个情境:当他通过看网剧放松一下时,看到同宿舍同学在认真写论文。他觉得别人都这么努力,而自己却在看网剧,太堕落了,这样的话肯定会被他们超越。这样的想法让他立马感到紧张、焦虑、担忧,他不得不赶紧关掉电脑,继续疲惫地看书。用四因素模型来分析,具体就是这样的:

情境:看网剧放松一下,看到其他同学在努力写论文。

想法:别人都这么努力,而自己却在看网剧,这样的话肯定会被他们超越。

情绪感受:焦虑、担忧。

行为:关掉电脑,继续努力。

(二) 想法决定一切

在这个模式中的四个因素中,起关键作用的因素是想法,也就是我们提到的自我评价。认知行为疗法认为,情境事件本身并不决定人们的感受和行为,感受和行为更取决于人们如何解释这一情境。比如,你走在路上,迎面走过来一位好久不见的朋友,你向他打了一下招呼,而他并没有回应你,漠然地从你身边走过。如果你认为是自己做错了什么事情让他生气了,这个时候你可能会自责和内疚;如果你觉得他是故意的,装作没看见你,你可能会比较生气;如果你觉得他可能有要紧的事情,比较着急,所以没有看见你,你可能会没有多少情绪反应。四个因素之间的关系,可以用图7.1来表示。

情境或事件 → 想法 → 反应:情绪感受、行为

图7.1 感受和行为取决于人们如何解释情境

我们再回到上面例子中小明所面对的两个情境。如果你遇到这样的情境,你会怎么想呢?有的人可能会出现跟小明一样的想法,有的人可能会这样想:"一个问题回答不上来,并不能说明什么","我努力的时候他们可能在玩,现在该我放松了,放松一下我的效率会更高",这样想的话,我们可能就不会焦虑紧张了。

这些想法,又叫自动思维,是在情境中自动出现的,有时候我们难以觉察。之所以不同的人对于同一个情境会出现不同的自动思维,是因为自动思维被我们背后的信念所控制,这个信念我们叫作核心信念,也就是对自我的一个根本性的评价。比如,小明由于自己的成长经历,对自己形成的评价就是"我很笨、我无能"。为了应对这个核心信念以及由此带来的痛苦,他在生活中会发展出很多规则,比如,"我必须超过所有人才可以,否则我就是无能的","我必须学会所有知识才可以,否则我就是无能的"。在这样的核心信念和规则的控制下,小明在这两个情境中出现这样的自动思维也就很自然了。在应对负面的核心信念时,除了规则之外,我们还自动形成了很多应对策略,也叫补偿策略,比如小明在这两个情境中的应对策略有"逃课、不敢放松、继续努力"等。

为了更好地理解,我们再从反方向论述一下核心信念、规则和自动思维之间的关系。首先,我们小时候在家庭中形成了对自我的评价,即核心信念。如果我们形成的是负性的自我评价,比如"我很笨",那么为了证明自己并不是无能的,我们就自然形成很多规则和应对策略来应对这个信念以及这个信念带来的痛苦。当它们形成了之后,就装进了我们的大脑,它们就埋藏在意识层面之下,控制着我们的具体想法和行为。所以,在现实中有时候你想改变某些行为和想法时,比如拖延、讨好等问题,却困难重重,难以改变,就是因为它们在背后控制着,如果不把它们找出来,我们就难以改变。现在我们可以用图7.2来理顺一下这些概念之间的关系,你就会更好地理解这个问题模式是如何运转的了。

(三) 如何觉察这个问题模式

理解这个模式非常重要,在实际的咨询中,很多来访者在了解了这个模式之后,问题就解决了一多半。觉察和理解这个模式,我们首先从四因素模型,也就是这个图的下半部分开始。为什么从四因素模型开始呢,因为这四个因素是我们最容易觉察到的,我们可以把这个图形比喻成一个冰山,其中这四个因素就是漂浮在水面上的部分,而核心信念和规则是位于水下面的部分,它们不易被觉察。

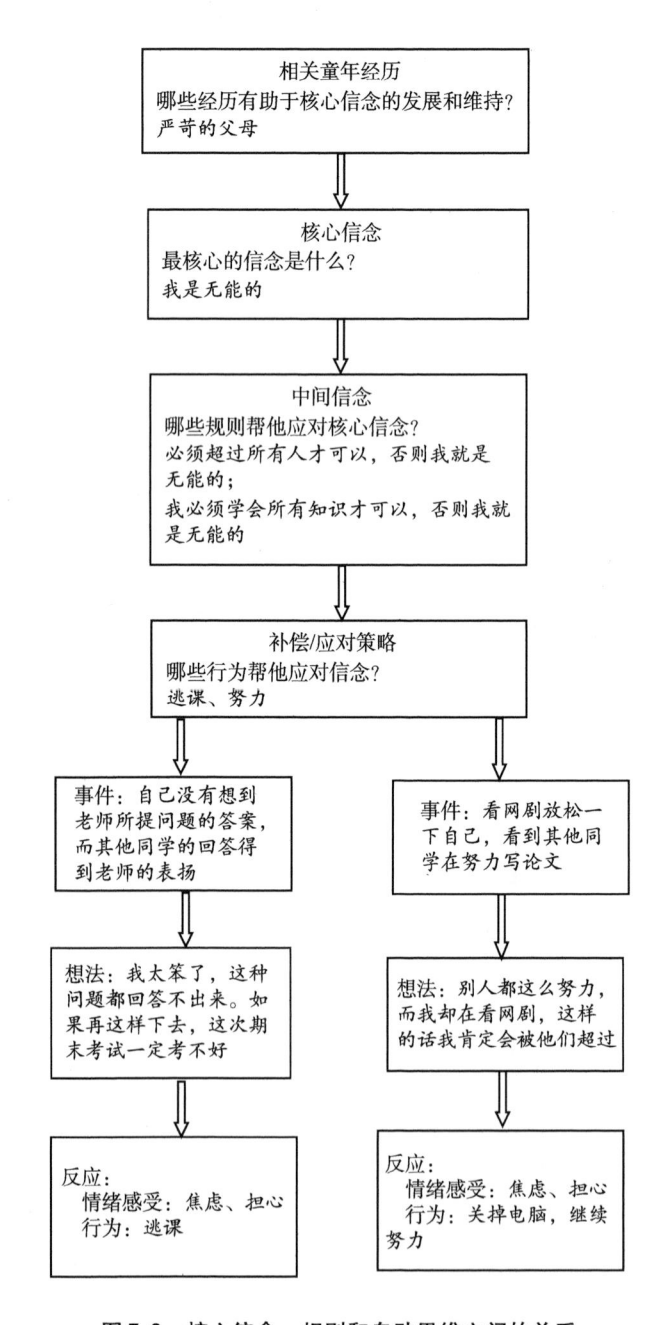

```
┌─────────────────────────────┐
│ 相关童年经历                │
│ 哪些经历有助于核心信念的发展和维持？│
│ 严苛的父母                  │
└─────────────────────────────┘
              ⇓
┌─────────────────────────────┐
│ 核心信念                    │
│ 最核心的信念是什么？        │
│ 我是无能的                  │
└─────────────────────────────┘
              ⇓
┌─────────────────────────────┐
│ 中间信念                    │
│ 哪些规则帮他应对核心信念？  │
│ 必须超过所有人才可以，否则我就是│
│ 无能的；                    │
│ 我必须学会所有知识才可以，否则我就│
│ 是无能的                    │
└─────────────────────────────┘
              ⇓
┌─────────────────────────────┐
│ 补偿/应对策略               │
│ 哪些行为帮他应对信念？      │
│ 逃课、努力                  │
└─────────────────────────────┘
        ⇓                ⇓
┌──────────────┐   ┌──────────────┐
│事件：自己没有想到│   │事件：看网剧放松一│
│老师所提问题的答案，│ │下自己，看到其他同│
│而其他同学的回答得│  │学在努力写论文   │
│到老师的表扬    │   │              │
└──────────────┘   └──────────────┘
        ⇓                ⇓
┌──────────────┐   ┌──────────────┐
│想法：我太笨了，这种│ │想法：别人都这么努力，│
│问题都回答不出来。如│ │而我却在看网剧，这样│
│果再这样下去，这次期│ │的话我肯定会被他们超过│
│末考试一定考不好 │   │              │
└──────────────┘   └──────────────┘
        ⇓                ⇓
┌──────────────┐   ┌──────────────┐
│反应：          │   │反应：          │
│情绪感受：焦虑、担心│ │情绪感受：焦虑、担心│
│行为：逃课      │   │行为：关掉电脑，继续│
│              │   │努力            │
└──────────────┘   └──────────────┘
```

图7.2 核心信念、规则和自动思维之间的关系

首先，你可以利用这个四因素模型来分析一下，你在现实中遇到的困惑，你最好把它们写下来，这样能帮你更好的理解。

情境：＿＿＿＿＿＿＿＿＿＿＿＿＿＿＿＿＿＿＿＿＿＿＿＿＿

想法：＿＿＿＿＿＿＿＿＿＿＿＿＿＿＿＿＿＿＿＿＿＿＿＿＿

情绪感受：＿＿＿＿＿＿＿＿＿＿＿＿＿＿＿＿＿＿＿＿＿＿

行为：＿＿＿＿＿＿＿＿＿＿＿＿＿＿＿＿＿＿＿＿＿＿＿＿＿

其次，我们可以顺着这几个因素再继续往下探索，就可以发现背后的规则和核心信念了。我们可以问自己"如果我担心的事情发生了，对我来讲意味着什么呢"。比如，小明的第一个情境，他可以问自己"如果我真的期末考试考不好，对我来讲意味什么"，我想答案应该会是"那就说明我太笨了，所以我必须要学会所有知识，考个好成绩"。这个回答就可以发现他的规则了，即必须学会所有知识，才能考个好成绩，要不就是个笨蛋。他的核心信念就是"我很笨"；我们还可以这样问自己"如果我们不敢做的行为或逃避的行为真的发生了，对我来讲意味什么"。在小明的第二个情境中，他可以这样问自己"如果我继续看网剧，对我来讲意味着什么"，我想答案应该会是"别人都在努力，而我在看网剧，他们一定会超越我"，我们可以再继续追问下去：

"如果他们超越了你意味着什么？"

"意味着我不如他们。"

"你不如他们，又意味着什么？"

"意味着我真的很笨。"

这样我就可以发现小明的规则"我必须超越所有人"以及他的核心信念"我很笨"。另外，规则和核心信念比较概括化，它们是跨情境的。通过多分析自己的几个情境，你也会发现它们的共同点，这些共同点就是规则和核心信念的反映。我们对自己的评价主要集中在三个方面：在能力方面，认为自己能力不行，比不上周围的人；在人际关系方面，认为自己是不受欢迎的，不被其他人所接受；在价值方面，认为自己毫无价值、是坏的。有的人有单个方面的表现，但严重的人可能有两个甚至三个方面的表现。还记得我们在第二章所提到的"优秀的人"的几个典型表现吗？现在你可以很好地理解为什么会出现这样的表现了吧。

在这里，我们还需要提一下补偿策略。所谓补偿策略就是指为了避免我们的核心信念被激活或真的发生，我们所采取的行为策略。比如，有的人会发展出高标准的自我要求，工作非常努力，充分准备，对自我的缺点保持警觉，并且回避寻求帮助。他们认为这样做可以保护他们免于失败，避免暴露出他们"无法胜任"的特点。其实，在某些情境下，一些被社会赞许的优秀：工作努力、他人认可、学业成绩优秀、听话懂事、理解照顾他人等，也是一种症状，是为了掩盖自己内心的自卑和无价值感。还有的人可能会使用相反的策略，比如避免努力，设定很小的目标，准备不足以及要求过多的帮助等。这两种策略本质上是相同的，都是为了逃避和控制，逃避和控制的对象就是自己的自卑以及由此带来的不良情绪感受。而现实证明，越逃避越痛苦，还陷入恶性循环之中。另外，需要说明的是，这些策略我们每个人都在用，只有当我们过度使用它们，给我们造成了障碍时，我们才需要去改变。

通过上面的分析，大家有没有发现，这个所谓的自卑，是不是真的存在呢？现实中的你真的就是一无是处吗？而就像我们所看到的，恰恰相反，很多人都是能力很强的，他们大部分人都取得了优异的成绩。那么这个自卑或低自尊来自什么呢？其实，它来自我们所形成的对自己的错误评价，来自我们大脑中的语言，而不是事实。长久以来，我们一直与之斗争的对象就是我们大脑中的语言。为了消除这些负面的自我评价，我们不断地努力，耗费了大量的精力。而发生在我们大脑中的这个斗争，就像我们自己的左右手互搏，在这场战争中，"敌我双方"的战士、枪支、弹药甚至战术，都是这个人自己提供的。所以，人最大的消耗，不是来自智力或体力的透支，也不是来自与大自然或者同类的争斗，而是自己对自己的战争。

那我们跟这些想法的关系是怎样的？我们又如何来应对它们，改善对自我的评价？如何跳出这个内耗模式，把精力用在与价值方向一致的行动上呢？在解决这个问题之前，我们先来解决另一个问题：如何看待我们的父母，即原生家庭。因为我们对自己的这些错误评价主要来自我们的原生家庭，所以如何对待原生家庭就非常重要了。

（四）父母皆祸害

到此，我们已经明白了问题产生的原因以及它们是如何影响我们现在的生活的。是不是有些人会把矛头指向自己的父母，即自己的原生家庭？这个话题一直是大家讨论的热点，有的人非常极端，"父母皆祸害"的观点误导了很多人，致使很多人痛恨自己的父母、抱怨并指责自己的父母，甚至想脱离自己的原生家庭。那么，我们应该怎么合理地看待自己的问题、自己的父母呢？

1. 你要为自己的成长负责

当问题模式形成后，它们就用语言的形式装进了我们的大脑。当下对我们生活造成影响的就是这套"软件"，而跟我们的父母已经没有了关系。我们应该去觉察这个问题模式的运转机制，并学会如何去改造它们，从而让我们更好地生活，也就是说你要为自己的生活负责。而一味地把问题归结于父母，怨恨父母，抱怨并指责自己的父母，不仅不利于问题的解决，反而会使我们陷得更深、更痛苦。有位女士从小目睹了父母的悲催婚姻，痛恨自己的父亲。因此，当她找男朋友时只有一个标准，那就是绝不能找像自己父亲一样的男生。然而，"造化弄人"，她找到的所谓的"理想伴侣"在他们结婚之后，却跟自己的父亲一模一样，他们的婚姻生活又开始重复她父母的模式了。因此，只有真正地觉察理解了自己的问题模式，才能做出有效的改变。

2. 没有完美的父母，也没有完美的世界，只有不断成长的自我

"为什么倒霉的总是我？别人的父母都那么好，为什么偏偏我这么倒霉，摊上了这样的父母？"我们总想自己的生活一帆风顺、心想事成，而现实却恰恰相反。其实，天下的父母都一样，没有完美的父母，没有不爱孩子的父母，也没有不给孩子造成伤害的父母。面对不完美的父母，我们该怎么办？去痛恨、抱怨、指责，甚至脱离关系？

有个女孩以707分考入北京大学，她的一篇《感谢贫穷》的文章搅动了大家敏感的神经。有的网友认为这是在歌颂贫穷，歌颂苦难，难道让我们再过贫穷的生活吗？我想这些网友可能错误理解了这篇文章所表达的观点。我们不能选择自己的出身，出身富贵或出身贫穷不是我们能决定的，我们的父母是个什么样子也是我们不能决定的。面对这些我们不能改变的事实，一味抱怨、指责，只能使我们更加痛苦，也使我们失去了成长的机会。而这篇文章表达的观

点就是面对暂时无法改变的环境，我们首先要接纳，然后再在其中去发现有利于自己成长的条件，去锻炼自己，这样才能更好地成长。当然，只有我们觉察了、成长了，才知道如何去更好地接纳和改变自己的原生家庭。

当然，不可否认，在现实中确实有极个别的父母由于自己的经历以及心理障碍会虐待自己的孩子，给孩子造成伤害。对于这样的父母，逃离并拿起法律武器来保护自己是首选。

3. 寻找问题的原因，是为了更好地成长

既然我们的成长跟父母已经没有关系了，为什么还要去探讨我们的原生家庭和成长经历，这不是让我们更加痛苦吗？之所以来探讨这些，有两个原因：一是为了让我们更好地理解自己的问题，只有了理解了才知道如何去改变；二是让现在的父母能认识到这些问题，避免悲剧的重演。

四、法科大学生常见的消极想法

（一）灾难化

灾难化思维就是将事情的后果灾难化，担心事情会向最坏的方向发展，甚至对将来不可能发生的事情也要做最坏的打算，认为自己现在的处境（或者即将发生的事情）太糟糕了，处在一个最悲惨的境地之中而难以承受。往往是一些很简单、不如意的小事，被"有逻辑"地推导出不得了的大事件，并且信以为真，就此忧心忡忡。一般而言，在情绪上，它会带来焦虑、恐慌，在行动上导致过度行为、无益行为。

例如,某次课堂上老师提问,一个学生回答完问题后,老师点评,认为他有一点儿没有回答出来。事后该学生的灾难化的思维模式就启动:"老师一定认为我的回答不好,这样的话老师对我的印象就不好了,肯定会影响我这门课的成绩。这门课得不到理想的成绩,我的保研就不行了。读不了研究生,就找不到好工作;找不到好工作,就无法养活自己;那我就无法在社会上立足了。"从回答一个课堂提问推论到无法在社会上立足,是典型的灾难化思维。

其他常见的灾难化思维还有:失恋后认为自己离开了对方就无法活下去;参加社团被拒绝后,认为自己一无是处,在大学里将不会有好的发展;身体上稍有点不舒服就容易紧张,担心是得大病的前兆,比如,有点胸闷就怀疑是心脏病,胃稍微一疼就怀疑自己是胃癌……不断地往医院跑。

(二) 消极归因

消极归因就是把事情的发生进行不恰当的归因,主要有两种:内归因和外归因。内归因是将失败的事情归咎于自己,认为失败的事情之所以发生完全是由于自己的失误所导致,而忽略了他人以及客观环境的因素;外归因则正好相反,认为自己的困难处境完全是由他人或环境所导致,而忽略了自己在事情中的责任。

例如,有一次一个学生走在路上,看见辅导员迎面走来,该学生跟辅导员挥了挥手。但是,辅导员却没有任何反应地从他身边走过。该学生一下紧张起来,他觉得一定是自己做错了什么事情,让辅导员不高兴了,让对方生气了。这是典型的内归因。一个学生在宿舍里处处与其他几个舍友不对付，矛盾重重。他认为目前糟糕的状况都是其他几个舍友导致的，比如 A 舍友不讲卫生，B 舍友总是爱挑自己的毛病，C 舍友作息不规律，影响自己休息等，这是典型的外归因。

其他常见的消极归因思维还有：别人的不高兴都是因为自己做得不够好；她不爱我都是因为她太自私；我的自卑完全都是由于父母不关心我导致的等。

（三）不恰当的比较

不恰当的比较是指在日常生活中只跟那些比自己做得好的人相比，而且这些人往往是非常优秀的人。此外，他们每一个方面都会换一个比较对象。通过这样的比较，会使自己感到自卑和不如别人，自己就是最差的，一无是处，是一个失败者。

比如一位刚入校不久的新生，认为自己什么都不行，非常自卑。他觉得自己与周围同学相比，没有任何优势，比如，学习成绩不如宿舍的 A 同学，社团活动不如宿舍的 B 同学，唱歌不如宿舍的 C 同学，篮球不如宿舍的 D 同学……因此，他的结论就是自己是最差的。

其他常见的不恰当比较还有：他们都做得比我好，所以我是一个彻头彻尾的失败者；我大学同学某某比我做得好，所以我是一个失败者等。

（四）非黑即白

非黑即白的思维是指以"全或无"的两分法来看待事情，而看不到在两个极端之间的那些可能性，没有中间地带。事情"要么好，要么坏"或"要么成功，要么失败"。他们往往把一个小的失败看成关乎生死的大事。如果用量化的数据来表示，-10代表最严重的失败，那么他们发生了一个只有-1的失败，也会看成是-10的失败。

例如，有个男学生从来不敢向别人提要求，不是因为他太厉害，能处理所有的事情。而是因为他害怕被拒绝，一旦被别人拒绝，那将是非常可怕的，那就意味着自己是不被别人所接受的，自己是被别人所嫌弃的。

其他常见的非黑即白的思维还有：他是一个坏人；我是一个没有价值的人；我注定被人抛弃；这完全是浪费时间等。

（五）读心术

读心术思维是指在缺乏客观证据的情况下，猜测别人的想法和意图，以为自己可以知道别人在想什么，而不去考虑其他更多的可能性。

一个女学生，下课回到宿舍后，看到宿舍的几个同学在窃窃私语，脸上还时不时地露出轻蔑的笑容。但是，看到她进来后就散开不说了。她心里想："哼，肯定是说我呢，说我坏话。"于是一个下午她都心情低落，提不起精神来，看她们几个都不顺眼。她们过来搭讪，她也不理；约她晚上出去逛，她也不去。接下来几天她依旧气没消，渐渐地，她发现大家不再理她，她在宿舍里越来越孤立。

其他常见的读心术还有：他认为我是一个失败者；他一定看不起我；她是在嘲笑我等。

（六）以偏概全

以偏概全是指根据事情的某一个消极面得出一个更广泛的消极结论，这个结论远远超过事情本身，一般是对自己或他人的某个方面的品质做出消极预测。

一个女学生因为男朋友早上没有接她的电话，就开始伤心难过，一整天都无精打采，什么事情都不想做。她觉得"男朋友不接我电话，一定是不爱我了"。

其他常见的以偏概全的思维还有：我这次考试没有及格，说明我是一个没有能力的人；你没有刷牙，你真是一个不讲卫生的人；宿舍卫生你不打扫，你真是一个懒惰的人等。

（七）情绪推理

情绪推理是指根据自己某种强烈的情绪感受来解释现实和预测未来，认为事实一定如此。

一个学生早上起床后感觉心情有些低落就不想去上课了，想躺在床上休息一下，等心情调整好了再去上课。可是在床上躺了一个上午后，心情并没有变好，想到自己心情既没有变好，课也没有上，落下了这么多的作业，心情反而变得更糟糕了。长此以往，恶性循环，最终导致抑郁。

其他常见的情绪推理方式还有：这次考试我特别紧张，所以应该不会考好；这个同学给我的感觉不好，所以我不跟他交往；我不喜欢这个工作，所以我就不去做等。

(八) 选择性注意

选择性注意是指生活中只注意负面的、对自己不利的事情，而忽略那些积极的、对自己有利的事情。选择性注意会夸大负面事情的重要性而贬低积极事情的重要性。

B同学看到同宿舍A同学被其他几个同学叫出去一起吃饭，没有叫自己，因此感到难过。这两位原先同在一个社团，后来因为某些原因一起退出了该社团。B同学发现他们退社团时，社团里有好多同学来挽留A同学，而只有一个同学来挽留自己，从而觉得自己人缘不好，得不到大家的重视。我问他："你看，你不是还有一位同学来挽留你吗？"他回答说："这位同学待人热情，对谁都会这样的。"B同学只看到了对自己不利的事情，而把对自己有利的一面给忽略或打折扣，从而给自己造成较大的困惑。

其他常见的选择性注意的方式还有：课上老师批评我了，说明我太差劲了；我的学习成绩虽然还可以，但是我在其他方面都不如别人；那些成功是很容易达到的，所以并不能说明什么。

五、消极想法的矫正

（一）控方辩方技术

根据一定的事实进行概括、总结、推理，得出一定的观念和想法，是人的思维的一大特点，也是人类的一大优势。好处是，不用事事再去亲自体验，提高了我们的效率，使我们很好地认识世界和改造世界。坏处是，如果我们的想法是基于某个事实，而忽略了其他事实，就会产生歪曲的观念或想法，比如非黑即白、以偏概全、绝对化等歪曲信念。

这时对我们产生影响的就不是这个事情了，而是你推导出来的这个结论，即想法和信念，这让我们更加痛苦。例如，给自己的男朋友打电话，男朋友没有接，这是一个事实情况，但是却推导出一个过于概括化、过于极端的结论是"他不爱我了"。让我们痛苦难过的是这个想法，而不是事实。这个时候需要我们针对这个想法去进行改变。

控方辩方技术就是让我们既注意支持这个想法的证据，也要看到反对这个想法的证据，从而综合两方面的证据，得出一个更为合理的信念。这一技术的具体步骤是：首先确定使我们痛苦的歪曲信念；然后找出支持这个信念的证据以及反对这个信念的证据；最后综合两个方面的证据，得出一个更为合理的、更具有适应性的信念。

我们可以用表7.1来更清晰地展现这个过程。

表7.1 根据旧信念的证据得出新的信念

旧的信念：	
支持的证据	反对的证据
新的信念：	

以"他不爱我了"这个信念为例，由于一个电话没有接，就得出一个结论"他不爱我了"。这个信念让我们非常痛苦，首先，在第一行"旧的信念"一栏里，写上"他不爱我了"；然后寻找支持这

一信念的证据，写在左边一栏"支持的证据"里，然后再寻找反对这一信念的证据，写在右边一栏"反对的证据"里，最后综合两面的证据得出一个新的合理的信念，见表7.2。

表7.2 根据旧信念的证据得出新的信念（具体实例）

旧的信念：他不爱我了	
支持的证据	反对的证据
今天早上没有接我的电话	以前每次都会接我电话，昨晚还接了
	每天早上给我买早餐
	我心情不好的时候，会安慰我
	我每次遇到困难时都会支持我
新的信念：他还是爱我的，一次不接我的电话不能说明什么，可能今天有什么事情才没有接我的电话	

在这个练习的过程中要注意：寻找的证据一定是发生的事实，而不是随便编造的或只是停留在认知层面的想法；在得出新信念的过程中，一定要充分考虑两方面的证据，得出更为合理的信念。

（二）发散性思维技术

对于发生的事情首先给出负面的解释，是我们人类在进化过程中形成并保留下来的一种思维习惯。因为这样可以让我们做好准备，能够随时应对危险，从而做好自我保护。如果我们做出消极解读，引起了焦虑、愤怒、内疚等情绪，并且严重影响了我们的生活，这时我们就要想一想这些事情是不是还存在其他的可能性。

发散性思维技术指的就是，当我们面对一个客观情况，在不知道具体原因，而做出消极解释，引起紧张焦虑等消极情绪时，要学会从多个角度去思考各种可能的原因，拓宽思考的角度，采取合理的行动，发现事情的真正原因，从而缓解消极情绪。这一技术的具体步骤是：首先，明确具体发生的事情；其次，澄清自己对当前事情的解释以及这个解释带给自己的感受；然后，看一看是否还具有其他可能性；最后，采取行动来验证可能性。

比如，跟辅导员打招呼，而辅导员并没有理自己。首先，确定具体事件，就是"自己跟辅导员打招呼，而辅导员并没有理自己"。自己对这件事情的解释是自己做错了事情，让辅导员不高兴了，这样想给自己带来的感受就是情绪低落，行为上什么都不想做，影响上课听课的效率。其次，就是看看是否还有其他原因，比如辅导员有急事，着急赶路，所以没有看到自己；辅导员可能在想什么事情，所以没有看到自己。那如何确认呢？可以找跟辅导员接触较多的班长问一下，辅导员上午干什么了，结果一问发现辅导员上午确实是有一个非常重要的会议要开。自己在路上见辅导员的时候，会议马上就要开始了。

通过发散性思维技术，该同学了解到辅导员没有跟自己打招呼有很多原因，并通过具体的行动来验证了真正的原因，从而打消了心中的顾虑和猜疑。

（三）双重标准技术

有些人给自己制定的标准比给别人制定的标准更加严格，甚至更加苛刻。例如，当自己做错了一件事情时，他们会跟自己说："你就是一个彻头彻尾的笨蛋。"但是当朋友犯了同样的错误，他们就不会这样去谴责他，而是充满着同情和理解，对朋友说："谁都可能会犯错误，做错了一件事件并不代表你就是一个笨蛋，也许是有其他的原因。"我们对别人的评价会比对自己的评价更为公正和符合实际。双重标准技术就是要求我们去综合考虑我们对自己的标准与对别人的标准,从而形成一个客观现实的自我标准。

当我们处于困境中,头脑中充满对自己的批判时,我们可以换一个角度,想一下如果自己最好的朋友发生了同样的情况,我们是如何对他们说的。我们是不是可以把对好朋友说的这些话也用在自己身上。通过改变这种自我对话的方式,双重标准就可以被有用的、富于同情的和现实的单一标准所消除和取代。另外,我们也可以看看其他人遇到同样的情况时是怎样评价自己的。

一个学生参加社团面试,被拒后非常痛苦,他觉得自己太笨了,什么都做不好,在同学面前丢人,以后还怎么见他们,还怎么在学校里混。我问他:"参加面试的同学是否都被录取了?"他说:"没有,有好多没有被录取的,有些同学表现还不如我呢。"我建议他去问问那些同学,他们是怎么想的。后来,他告诉我:大部分同学都没有像自己那么难过,他们只是有些失落,但是很快就走了出来,去做自己该做的事情了,因为他们觉得一次被拒绝不能说明什么,他们可以有更多的选择,有更多的机会去发展自己。当他也这样想的时候,他的情绪就好多了。

(四)可能性区域技术

焦虑是日常生活中最为常见的一种情绪。适度的焦虑有助于激发我们的潜能,使我们发挥得更为出色。但是过度焦虑会使我们人心惶惶、不可终日,不仅会影响我们的个人体验,还会影响我们能力的发挥。过度焦虑的核心成分是灾难化思维,即担心可怕的事情会发生，而且自己是无法应对的。而事实是这种灾难化的事情发生的概率很小，几乎不会发生，可以说是我们用自己的想法在吓唬自己。可能性区域技术是一种"去灾难化"思维的技术，它可以使我们对事情的结果进行合理的推测和预期，从而改变对事情的消极认知，改善焦虑情绪，提升我们应对的能力和办法。

可能性区域技术由三个问题构成：事情最糟糕的可能性是什么？事情最好的可能性是什么？事情最有可能的结果是什么？首先，通过最糟糕的可能性和最好的可能性这两种情况，确定事情发生的可能区域，然后，通过搜集各种信息，确定在这一区域内最有可能发生的结果。当发现事情最有可能发生的结果并不是想象中那样糟糕，我们的认知就会发生改变，心情就会变好。

比如，某个学生比较爱学习，每天起早贪黑到教室里去学习，但是同宿舍的几个学生不爱学习，每天在宿舍里打游戏。每次晚上该学生一回宿舍，舍友就用带讽刺的口吻说："学霸又学习回来了，学霸好勤奋啊，学霸是要拿奖学金的节奏啊。"该学生听了这些话，感觉很不好，但是又不敢表达自己的不满。她觉得如果表达了自己的不满，她们会不会觉得我事多，会不会更加变本加厉地处处为难我、孤立我，那我在这个宿舍就真的待不下去了。这是她的灾难化思维，是事情最糟糕的可能性。那最好的可能性是什么？她说：应该是她们被我吓住了，她们不仅不敢这样说我，还得处处听我的。那在这个区域内，最可能的结果是什么呢？通过与她分析，让她观察身边那些敢于表达自己意见和想法的人，看看她们是不是都被孤立了，是不是都过得很不好。结果发现，恰恰相反的是，那些敢于表达自己真实感受和想法的人，更能得到别人的尊重，并且发展得更好。而且身边的人也没有觉得被她们所控制，而是互相尊重。相反，那些不敢表达自己的意见的人，反而是真的被欺负、被压迫、被利用了。

（五）自我比较和肯定技术

与别人进行比较是我们常见的思维习惯，通过合理比较，我们可以发现自己的不足，并向别人学习，从而提升自己。但是如果我们比较的方向发生了错误，这些比较不仅不会起到提升自我的作用，反而会成为阻碍。如果我们事事与别人比，而且还专门拿自己的短处跟别人的长处比较，这样的比较越比越焦虑，越比越难过。这种对自己的否定，不管客观事实怎样，先给自己定了性：自己不具备某种能力，自己不配拥有某种优势。通过自我比较和肯定技术，打破这种固有的思维习惯，从自身着眼，通过纵向比较发现自己的进步，通过发现自己的积极方面，提升自信，改善情绪。

有位刚入校不久、认为自己什么都不行的新生，通过不合理的比较，得出的结论是自己是最差的，从而陷入抑郁。事实上这个学生非常优秀，但是他事事与比自己强的人比较，在任何一个方面总是能找到比自己厉害的人，从而导致陷入抑郁。从小，他的父母就习惯拿他与别人家的孩子去比较，这也让他习惯了这种思维模式。从而得出的结论是自己处处不如别人，而这个结论与事实是不相符的。为了调整他的情绪，形成正确的思维模式，需要通过该技术让他学会合理的比较，发现自己的进步。

先列出喜欢跟别人比的几个主要的方面，比如学业方面，自己到了大学后学到了哪些东西；参加社团活动自己获得了哪些东西，到了大学后通过参加社团，觉得自己敢跟别人说话了，交往能力得到了提高，不怎么害怕交往了，还培养了一些业余爱好，比如打篮球，这些都是自己的进步，这些都是值得肯定的。接下来就是继续向优秀的同学学习，从而来提升自己。

（六）认知连续体技术

抑郁症患者的一个典型的思维模式是"全或无"式的两极化思维，如"我不是一个成功者就是一个失败者"，或者是"我不是天才就是蠢材"。这种非黑即白的思维可以通过认知连续体技术来加以检验。这个技术的目的就在于帮助我们了解事情的多样性和变化性，而不是像之前所想的那样"全好"或是"全坏"。

认知连续体技术是通过一种从 0～100 的等级标尺，让个体通过它来观察某个事件。在这个等级标尺中，0 代表没有任何消极成分，而 100 则对应着可以想象到的最为糟糕的可能结果。首先，要求个体思考他们对于当前事件的感觉有多糟糕，并将他们的评价在这个 100 分等级标尺上相对应的位置上标出来。第二，再假设一个比当前事件更为糟糕的情况，让个体对更糟糕的情况进行评分。第三，要求个体对自己的情况重新进行评分，这时个体会发现，自己原来对事情糟糕的情况评分偏高，需要再调低一些。可以适当重复第三个步骤，最终让个体对自己的情况进行一个适当的评分。

有个学生在期末考试中位于全班第 20 名（共 40 名同学），从而认为自己是个失败者。

咨询师："在这条线上，100 代表最糟的情况，0 代表一点都不糟糕。既然你是个失败者，那么你觉得你应该打多少分？"

学生："我觉得应该打 90 分。"

咨询师："好，你考了全班第20名，你认为你该打90分。那么我们假设一下，如果你考了全班最后一名，你会打多少分？"

学生："我觉得那应该打95分。"

咨询师："考最后一名打95分，那考第20名的话，你觉得该打多少分合适？"

学生："嗯，那应该是75分比较合适。"

咨询师："好，我们再假设一下更为糟糕的情况，就是你考了最后一名，而社团活动也没有参加，这种情况你该为自己打多少分？"

学生："嗯，估计得打98分。"

咨询师："那跟这种糟糕的情况相比，你考第20名的话，该为自己打多少分？"

学生："那我觉得应该打50分比较合适。"

经过这样的比较，该同学对自己有了一个更为客观的认识，心情也改变了很多。

（七）与想法解离

一个简单有效的应对消极想法的方法是不去改变想法的内容，而是去改变想法的功能。所谓想法的功能是指这个想法给我们造成的影响是什么。如果一个想法让我们非常痛苦，是我们实现价值追求的障碍，我们就可以不去相信它，而不被它所影响。

借助一个隐喻"公交车上的乘客"来帮我们理解一下。假设你是一名公交车司机，你正驾驶着你的公交车在前行。公交车上坐满了乘客。这时一名乘客告诉你："前面停下车，我要下车。"如果前面就是一站，你可以靠站停车，这没有问题。而如果前面并不是车站,你没法停车,最要命的是这个乘客还在不断地说,显得挺生气,样子看起来也挺可怕的,让你感觉很不爽。这个时候你该怎么办?

我们可以把这些乘客比喻成大脑中的想法,大脑每天产生无数的想法,它是一个出色的"评论家"或"故事家"。有些想法很友好,有些想法就像这个乘客一样,总是在不合适的时候冒出来命令我们:"你根本做不好这个事情","这是一个危险,千万不要去做","你注定会被人拒绝,还是呆在家里吧",等等。如果相信了这些想法,可能会出现两种结果:一是靠路边停车,让这个乘客下车,这个"危险"看起来暂时消除了,我们感觉也好了,但你可能会受到惩罚。也就是我们如果听从了这些看起来很可怕的"乘客"的想法,按照它们的要求去做,短期内会感觉良好,但是长期来看,更弱化了我们的社会功能,从而陷入恶性循环。比如一个社交焦虑的人,他不敢到人多的地方去,他就只能一个人待在家里不出门,这样暂时可以使他感觉良好,但长期不与人交往,他的社交能力就不断下降,社交圈子不断缩小,最后就真的变成了"孤家寡人"。

还有一个办法,试图让这个乘客安静,而这个乘客却不听你的,显得更为烦躁和嚣张,你也被激怒,从而无法好好开车,最后只好把车停在原地跟乘客去争斗。跟这些想法去斗争,试图消除它们,不让它们冒出来干扰我们。你会发现,越去压制、消除它们,它们越嚣张、越可怕,就会演变成大脑中的一场战争。

其实,这些看来令人很可怕的想法只不过是"纸老虎",它们看起来很可怕,而实质上只不过就是出现在大脑中的语言文字而已。如果把它们当成了事实,从而与它们相"融合",自动地按照它们的命令去执行,我们就会被控制,生活就毫无活力。对待它们最好的方法就是与它们"解离",就是我们退后一步观察想法,与想法拉开距离，不是陷入想法之中，而是看着它们就像汽车一样在我们的大脑中来来去去。这个解离的过程，而非内容，通过改变与想法的关系，从而减少想法对我们的控制。

在这里，我们介绍几个与想法解离的方法。

"牛奶、牛奶、牛奶"练习：我们先做一个小小的体验练习。如果你现在看到"牛奶"两个字，你头脑中会想到什么？有的人可能会想到白色的液体、牛奶的香味、奶牛等。那现在你大声地把"牛奶"这个词重复40遍，再来看看你会想到什么呢？这个过程你会不会觉得很好玩？好，现在，找一个经常出现在你大脑中的令人感觉很不爽的自我评价，按照这个程序做一下，看看会发生什么。你会发现，它们只不过是几个语言和文字而已。也可以用这个练习的几个演变方法：一是把这些想法唱出来，找一首你熟悉的歌曲，用歌曲的旋律把这些想法唱出来；二是用可爱的卡通人物的声音来重复这些想法，比如唐老鸭。

"我有一个想法……"练习：首先，选一个经常发生，而且总让你烦恼、沮丧的想法，比如"我是个傻瓜""我是个失败者"或"我是个无能的人"。让这些想法出现在你的大脑中，看看它们是怎样影响你的。现在想着其中一个想法，并在前面插入一个短语"我有一个想法"再在心中默念这个想法。对自己说："我有个想法，我是个……"注意发生了什么。

与故事分离练习：当我们遇到令人厌烦的事情时，可以试着跟陷入困境的自己拉开距离，去看自己如何在其中演戏。这个练习可以这样做：想象你坐在电影院里看电影，而银幕上播放的电影正是你自己的事情，看看你在这件事情中是如何演戏的。慢慢我们就会看清生命的戏剧，又不陷入其中，脱离那个很僵化的自我。

（八）饼图技术

在我们的日常生活中，任何一件事情的发生都是多种因素综合起作用的结果。但是，有一些人，当事情出现了问题时，往往不分青红皂白地把责任都揽在自己身上，认为自己应该为整个错误负责，并且以"全或无"的方式来确定因果关系。比如，当一个糟糕的事情发生时，我们往往倾向于认为自己应该为整个事情负责，并且应该为之受到谴责，这样的人在人群中可能很受欢迎，但他自己承载了太多他不该承载的东西，容易引发抑郁、焦虑等情绪。

实际上，一个糟糕事情的发生是多种因素共同起作用的结果，并不单单是自身造成的。我们需要客观地从多个方面来分析这些影响因素以及各个因素的权重。应对这种内归因和"全或无"思维方式的一种有效干预方法就是"饼图"技术。饼图技术就是用一个圆（饼）代表影响事情的所有因素，然后把它切分为不同比例的若干部分，每个部分表示导致某个事件发生的每个因素，比例大小表示这个因素的重要性或影响程度。这一技术的具体步骤是：第一，确定需要分析的事件；第二，讨论导致这个事件发生的各个方面的因素，比如自己的原因、他人的原因、客观的原因等；第三，确定各方面的因素在其中的权重（百分比）；第四，综合分析各个因素，最终确定自己的原因所占的权重。

有一个学生热衷于组织社团活动。他组织的一次学术讲座没有达到预期的效果，学生在网络上表达了一些不满，认为活动组织得太差。该学生就怪自己太无能，都是自己的责任，没有组织好，从而心情低落、自我否定。经过对整个过程的分析，我们发现，没有搞好活动可能有这么几个因素：因为下雨路上堵车，邀请的嘉宾来晚了；主持的同学不知道如何灵活应对；有几个同学故意捣乱；自己的组织协调等。通过综合分析几个因素所占的比例，最后发现自己的组织协调在整个事情中只占30%的比例，从而心情好转。

当然还有一种情况就是，把责任完全推给其他人或环境。这种无端责怪他人，会制造出不该有的矛盾，自己也会不开心。这个时候，饼图技术也同样适用。

第八章

学会情绪调控

一、负性情绪的本质

在众人面前发言,越重要的场合,是不是越紧张?有些人甚至紧张到说不出话来。这种紧张与焦虑,我们称为负性情绪。那么,这些令我们不舒服的东西,有没有用呢?有些人觉得这样太痛苦了,所以想让自己不紧张,就拼命去控制紧张或焦虑,结果是越控制越焦虑,最后成为真正的社交焦虑,回避人多的场合,能不发言就不发言,一旦发言就紧张到汗流浃背,脑袋里一片空白。

其实,大部分的人在人多的场合都会紧张。除非是那些老手,经历了很多大场面,从而变得一点儿也不紧张了。人为什么会紧张?因为,这种场合对我们来说是个危险,面对那么多人,万一表现不好,就会被别人嘲笑;这么重要的面试,如果表现不好,就会被拒,这些都是危险。当遇到危险时,我们身体就会自动启动相关机制,警告我们,这是一个危险,需要调动身体的能量来应对这个危险。紧张就是这个机制的表现,它提示我们需要认真准备,认真应对这个危险。

情绪就是这样一种本能性的快速反应系统,它就像我们身体的侦察兵和哨兵,能帮我们及时发现危险,并参与应对危险。当危险靠近时,这种独特的机制能提示我们,从而立刻觉察到危险。它期待我们能对危险做出一些反应,以消除危险。如果我们没有重视危险,作为一名合格的哨兵,它会不断地提醒我们,不断向我们发出警告。

二、负性情绪的功能

所有的情绪都是有用的,尤其那些令我们"讨厌"的负性情绪,比如焦虑、恐惧、愤怒、内疚等,对我们的作用更大。如果没有它们我们很难存活下来。从进化的角度来看,正是这些负性情绪才保证了我们祖先在充满危险的丛林中存活下来。试想,在你的面前有一只大老虎,你还不知道害怕,那结果是可想而知的。

这些负性情绪对我们每一个人都是有巨大作用的。任何情绪、感受和体验都是天然产生,它们都在告诉我们一些信息,在指引我们走向更好的成长之路。每个人都必须经历痛苦才能成长:我们的出生就伴随着痛苦,每个人都是哭着来到这个世界上;不知道栽了多少个跟头、受了多少次伤,我们才能逐步学会走路;经过长时间刻苦的学习,才能取得好的成绩,还要忍受可能考不好,被家长、老师批评;在与小伙伴斗智斗勇的过程中,才能学会如何与别人交往;在与恋人的相处过程中,不知道要经受多少矛盾、摩擦,才能最终走进婚姻的殿堂,还要忍受失恋、离婚等带来的痛苦;在工作中,我们不断地从失败中学习经验,再加上不断学习、反思、摸索,才能慢慢领悟工作的方法。总之,我们要想变得坚强、优秀,想成为理想中的自己,就需要付出巨大的痛苦。

情绪是我们人体的重要组成部分,是"人"这个机器的一个重要零件。有负性情绪,才说明你是一个完整的人,而不是一个残缺品。天生没有负性情绪的人,早就在进化中被自然淘汰了。接下来,我们来看看几种常见负性情绪的功能。

(一) 悲伤：完结悲剧的力量

有个学生因为心情不好前来咨询，经过咨询师的评估，她的心情不好已经达到抑郁的程度，经精神科医院诊断为抑郁状态，需要服药治疗。其实她的问题始于半年前的失恋，她发现与自己相恋一年多的男友竟然跟别的女生好上了。无法接受这种现实的她愤然提出了分手。分手之后，她一直告诉自己要坚强，不能因为这个负心汉而伤心，不能因为他而影响了自己的学业。但是她发现，越控制自己不要悲伤就越难过。这种悲伤的情绪就像被压抑的火山，最终喷涌而出吞没了她，导致了抑郁。

"不如意事常八九"，我们生活在这个世界上，如意顺心的时候远远少于不如意、不顺心的时候，这个世界给我们最多的就是挫折和创伤。但是，挫折和创伤并不一定都会导致心理问题，之所以让我们陷入困境，导致心理压力和心理障碍的出现，是因为我们想否认自己人生的悲剧性，觉得这些事情不应该发生在自己身上。悲伤，是我们经历挫折和创伤的自然反应，这是一种非常令人难受的情绪，所以我们普遍抵触悲伤。当我们不接受发生在自己身上的悲剧以及由此带来的悲伤情绪时，我们就离人生真相越来越远，就会编造各种理由来欺骗自己。这种欺骗自我的方式暂时会令自己好受一些，但是从长远来看，却会使我们的生活越来越窄，越来越不适应社会，从而导致更为严重的心理障碍。

相信许多人有这种体验：一场大病、一场灾难或一场意外的死亡，改变了我们的人生态度，使得我们明白什么是人生中真正重要的。这就是我们上面所说的，人经历痛苦就会成长，这也是悲惨的人生真相给我们的馈赠。一系列的人生悲剧,既可以令一个人变成祥林嫂,只是喋喋不休地向别人重复诉说自己的苦难,以赢取别人的同情,也可以令一个人变成贝多芬,紧紧扼住命运的咽喉,唱响自己生命的最强音。

(二)愤怒:你的力量源泉

某个学生因为宿舍同学关系前来咨询,她在一个重点大学读书,同宿舍的另一个同学总喜欢对同学们指指点点,尤其是对她,一会儿觉得她穿着打扮不好,一会儿觉得她说话没水平,还总是指派她去干活。这个学生虽然心中有很多不满,但是从来不敢表达,只好忍气吞声,有时还强装笑脸地去给舍友做事情。

为什么不敢表达自己的愤怒?她觉得如果自己表达了自己的愤怒,会让同学觉得自己不好交往。我们惧怕愤怒,因为愤怒看上去易伤害关系,让我们与别人疏远。其实,恰恰相反,不愤怒,会导致更为消耗的关系。这个来咨询的学生发现,虽然自己对舍友言听计从,但是时间久了,她发现,舍友越来越过分,不断地给她提出更多的过分要求,在生活的其他方面也越来越不尊重她,这让她越来越无法接受。

所以,愤怒是必需的。因为我们既需要维护与他人的亲密关系,也需要保持自己的自尊和空间,从而保持住自己的个性和判断力。愤怒是保护自尊和独立空间的最有力武器。假若你接受自己的愤怒,那么,当有人试图与你建立坏的关系时,无论其借口多么漂亮,都难以得逞,因为愤怒告诉你,对方这样做不对。你的愤怒释放后,会令对方知难而退,而你则捍卫了自己的空间。

这个来咨询的学生在学会合理表达自己的愤怒之后，发现舍友不仅没有孤立她，相反，在日常的交往中，舍友开始尊重自己了，不再去讽刺自己，而且在一些事情上会主动征求自己的意见，也能满足自己的一些合理需求了。

（三）内疚：和谐关系的调节者

"为什么我的付出得不到相应的回报？"这是一个学生在见到心理咨询师时说的第一句话。原来他刚刚失恋，而对方给出的分手理由却是：你对我太好了，我承受不起。这让他感到更不可理解，难道对一个人太好也不可以吗？在他们谈恋爱期间，这个学生对自己的女朋友可以说是百般呵护，自己能做到的尽量做到，但是从来不给女朋友提要求。他们在一起还不到三个月就分手了。除了恋爱关系，这个学生在日常生活中，虽然表面上朋友很多，大家对其评价的主调也是说他是一个好人，待人热情，但是大家都不愿意跟他深入交往，因为跟他走得太近之后，都会有一种压迫感。

为什么对大家这么好，却得不到大家的承认，反而大家都敬而远之呢？因为大家觉得，跟他在一起压力太大了，总是有一种深深的内疚感，他不断地给大家付出，而从不要求大家为他做点什么。那么，这个学生为什么喜欢不断付出？因为他在追求一种清白感，一种绝对的问心无愧的感觉，一种自己永远正确的感觉。而那种欠别人的内疚感是他绝不允许的。

但是一个人要想达到和谐，就需要既有清白感也有内疚感，清白感和内疚感总是联系在一起。你不想要内疚感，只想要清白感，那就会把内疚感强加给其他人了。一个和谐的关系，必然有丰富的付出与接受，你给予我物质和精神的爱，我接受，我给予你更多的物质和精神的爱，你也欣然接受，然后回馈我更多……这个过程不断地循环往复，一个良好的关系就建立起来了。如果这个付出和接受的循环被破坏，关系也随即会向坏的方向发展。

三、纯净的痛与污染的痛

负性情绪并不是我们的敌人，而是我们的朋友，是最可靠的盟友。但是，我们在咨询中发现，来进行心理咨询的人大部分都是因为觉得无法忍受自己的痛苦才前来咨询的。这是为什么呢？

这是因为我们对有益的负性情绪进行了错误的理解，使有益的负性情绪转变成了有害的负性情绪。我们称为有益的负性情绪，比如我们上面讲的焦虑、悲伤、愤怒、内疚等，对我们成长、发展、适应社会都具有举足轻重的作用，这些情绪我们又称为"纯净的痛"，是我们在对现实生活中的问题做出反应时感受到的最原始的不舒服，它是一种正常的、自然的、有益于健康的体验。而对"纯净的痛"的错误理解，阻碍了我们的发展和进步，使我们不能更好地适应社会，我们称为"污染的痛"，是我们在挣扎着控制、削减或者回避纯净的痛苦时感受到的不必要的痛苦。那"污染的痛"又是如何形成的呢？

（一）越逃避越痛苦

根据课程的要求，小王需要在班里作一个总结报告。可是，他只要一想到在众目睽睽之下讲话，就会感到非常紧张。结果就是，每当他想要开始准备报告的事情时,就忍不住拖延,试图做一些别的事来避免焦虑。他会和朋友出去玩,而不是准备报告内容,这样他立刻就感觉好多了,因为那时他的全部注意力会集中在朋友身上,就暂时忘了报告的事了。然而,几周过去了,小王对报告的恐惧有增无减。而且,他平时在课上也不大爱发言了。每次他觉得想说点什么的时候,焦虑感就会骤然上升。一旦他打算不说了,焦虑感一下就消退了。这样一来,焦虑感的消退就变成了一种奖赏,反过来鼓励他越来越回避发言。

小王在班里发言时出现一些紧张和焦虑的情绪,是非常正常的,这些情绪是"纯净的痛",而对这些"纯净的痛"的回避导致了更为严重的痛苦,即"污染的痛"。回避痛苦,短时间内看似给我们带来了好处,但是从长期来看,不仅会使我们更痛苦,而且还会影响我们的社会功能。就以小王的情况为例,越回避痛苦,越不愿意当众发言,也不愿意跟人交往,这样使自己的演讲能力以及与人交往的能力不断下降,从而导致恶性循环。

痛是我们有机体进化过来的适应性反应,是可以保护我们的生命安全的,有利于回避伤害,逃离危险,不再犯错,或者让我们体验到丧失情感和人际关系的价值。如身体遭受伤害会疼痛、生病会难受疼痛、丧失亲人会痛心疾首、陷入危险困境会头痛、重大财物丧失会心痛等。而且长期不能解决问题,会陷入一种郁闷、情绪低落、心境低落的状态。长期持续,可能会形成恶劣心境。这是人人都可能出现的适应性反应,这些并不是问题,问题是这样的状态很不舒服,很难过,我们往往会试图逃离这样的状态,回避这样的反应,从而开始陷入苦恼当中。

人最大的消耗,不是来自智力或体力的透支,也不是来自与大自然或者同类的争斗，而是自己对自己的战争。因为在这场战争中，"敌我双方"的战士、枪支、弹药甚至战术，都是个人自己提供的。所以没有任何人可以支撑下去。从这个意义上讲，恐惧、焦虑、内疚、悲伤、抑郁等情绪并不是真正的心理问题，而对它们的害怕、控制和消除才是心理问题产生的原因之一。

（二）语言带来的痛苦

为什么上面说的那个学生愿意在生活中心甘情愿为别人付出，不愿意自己有内疚的感受呢？这要从他小时候的经历说起。三岁之前的他是幸福快乐的，父母视他为掌中宝。但是一切都从弟弟的出生开始改变，弟弟的突然降临让他不知所措，有股深深的恐惧笼罩着他。虽然弟弟出生后，父母依然对他很好，但是他怕父母的爱哪一天会被弟弟给夺走，因此内心除了恐惧之外，还有对弟弟深深的恨。但是，他知道他不能对弟弟做什么，为了得到父母的爱只有对弟弟好一些。虽然表面上他很爱弟弟，但是有些时候也会做出一些莫名其妙的行为，比如用力地摇动弟弟的小床、用恐怖的玩具吓唬弟弟等。

在他五岁时，他们一家人外出游玩，在游玩的路上发生了车祸。很不幸的是，在这次车祸中他的弟弟没有被抢救过来，他和爸爸妈妈只是受了一些轻伤。从此以后，他认为弟弟的去世是因为自己恨他造成的。看到父母整日悲伤流泪，他的内心更是充满了内疚和自责，觉得自己太坏了。接下来的生活，自己唯有好好照顾自己的父母，满足父母的一切要求才可以不辜负他们。只有这样，父母才不会惩罚自己，自己也可以给自己一个赎罪的机会了。

我们在童年对事情的理解能力有限,不能对这个复杂的事情有正确的认识,如果那时候我们经历了一些创伤,会形成一些错误的观念,这些观念会以规则和信念的形式储存在我们的大脑中,成为我们以后生活的指导规则,成为我们与他人交往的规则,很多时候我们是意识不到这个规则的。这个同学的经历和创伤让他形成的规则是"我必须满足父母的一切,这样我才不会受到惩罚,才可以弥补我的过错"。

四、如何与负性情绪相处

那我们该如何与负性情绪相处,觉察和利用负性情绪的侦查和保护功能呢?

李同学大三决定考研,从大三下学期开始复习相关课程。一开始状态还可以,但随着考试日期的日渐临近,他的状态越来越差,越来越紧张和焦虑,生怕自己考不上。他觉得这次考研对自己很重要,自己必须要考上,考不上的话自己也没有更好的选择,今后的人生也就没有多大的发展了。每次想到这些他就更焦虑,随着焦虑的加重,他的情绪经常崩溃,晚上睡不着觉。他觉得这样的情绪状态更会影响学习状态,考上的概率就会更小。由此,他拼命地控制自己不要焦急,一定要好好睡觉。但是,当他这样去控制自己的时候,他发现状态更差了,从此陷入恶性循环。

那李同学的问题是如何产生的呢?根据我们上面的分析,李同学首先对考研有着错误的认知,他觉得自己必须要考上,如果考不上自己的人生就完了。这种错误的认知导致了他出现了"污染的痛",对于这种原因造成的负性情绪,需要矫正其错误的认知,形成对事情更为合理的看法。其次，李同学对于负性情绪的控制，导致了恶性循环，使得负性情绪不断加重，最终导致崩溃。情绪在本质上是我们的侦察兵和哨兵，能帮我们及时发现危险和困难，并调动我们全身的力量来应对危险和困难。考研是一件重要的事情，这时必然伴随一些紧张或焦虑，你会发现这个时候跟平时的状态有些不一样，吃饭时不自觉地会加快一些速度，睡觉比平时也减少了一些。这些紧张情绪是有益的，它提醒我们，面对的事情是有一些困难的，而且对我们来说也是比较重要的，需要我们认真准备。这时李同学应该根据情绪的提示，把重点放在如何复习上，而不是放在跟负性情绪作斗争上。跟负性情绪作斗争，拼命地去控制负性情绪，使"纯净的痛"转变成了"污染的痛"，耗费了我们的精力，最终导致了恶性循环。

那如何打破恶性循环，防止"纯净的痛"变为"污染的痛"呢？那就是接纳"纯净的痛"，通过对"纯净的痛"的接纳，我们可以释放出更多的心灵空间，减少内耗，把能量更多地用在解决外部事情上。

（一）什么是接纳

心理接纳为第三代认知行为疗法的核心技术，近年来在临床心理学领域受到极大的关注。这些技术强调改变心理事件的功能，即允许负性体验的存在而又不受其影响，从而帮助人们承受情绪与冲动并控制外在行为，或转变对负性思维的理解与反应。尽管不同的学者对心理接纳有不同的理解，但都主要包含了以下三个特征。

第一，心理接纳的对象一般是不良的主观体验，很少针对中性体验。

第二，心理接纳的对象是心理事件而非行为问题，如恐高症患者要接纳内在的恐惧感，而不是屈从于自己恐高这一事实。

第三，这些定义都隐含了行为并不一定是认知和情绪的直接结果，即改变行为未必要改变认知和情绪。

比如对于自卑的学生来说，并不是让他承认自己不如别人，就不需要努力了。而是让他看到他的这些自我评价以及感受对他的影响，然后通过接纳技术，进而改变想法、情绪感受与自我的关系，不被它们所影响，从而释放出更多的精力去探索自己的价值方向，并按照自己的价值方向去行动。

接纳是相对于回避的另外一种选择，接纳意味着某个人乐意"全身心且没有防御"地体验他所体验着的事物，是对过去经历和此时此刻经验的一种积极而非评判性的容纳，是以一种主动的、开放的、灵活的和不带任何判断的态度自觉自愿地接受当下的体验。比如，当强烈的负性情绪出现时，单纯地观察它，不做任何事情，看着它就像海浪一样来了又去，这个过程本身就非常有用。接纳负性情绪仅仅意味着知道这些情绪的存在，你就是在观察它们，不带任何评判地观察它们。因此，接纳并不意味着我们必须以积极乐观的观点来看待消极事件和负性情绪，也不意味着我们必须对正在经历的事情感到快乐。而对消极事件和负性情绪的接纳，则可为我们继续前行打下良好基础，让我们从不愉快的环境中找到属于我们每个人的意义。

接纳意味着我们承认生活中的困境，意味着我们用自己的方式去理解困境，最终找到我们最认可、最在意的方法，学会与困境相处。在日常生活中，我们面临很多让我们不舒服的事情，比如不得不早起读书学习,在宿舍里每天不得不面对不想见的那个人,在社团里不得不做一些自己不愿意做的事情等。在面对不舒适的事情时,接纳的态度会对情绪起到巨大的影响。比如,每天早起学习时,如果一直想我有多累、我多么想再睡一会儿的话,心情可能就会很糟糕。可是,如果醒来时我们想"我确实很累,确实想多睡一会儿,但是早起学习能使我学习更多的知识,能使我进步更快",这时情绪就会变得好很多,把自己最珍视的东西时刻牢记心间,将帮助我们更好地面对困难。

(二) 如何接纳

1. 创造型无望

练习接纳情绪的第一步是利用隐喻、体验等方式,让大家体验到,对于痛苦情绪的回避不仅无效,而且还会加重问题,导致更为严重的反弹效应,从而陷入恶性循环。通过这些练习,放弃控制和消除情绪的愿望,激发接纳动机。常用的隐喻与体验活动主要有以下几种。

(1) 喂养焦虑老虎。

把焦虑、忧郁和恐惧等负性情绪想象成一只饥饿的小老虎,这只小老虎在你的家里。虽然它只是处于幼年阶段,但是已经非常令人害怕,你觉得它可能会咬你。因此你从冰箱里拿出一些肉来喂养它,希望它不会咬你。可以肯定的是,给它肉吃可以让它闭上嘴,在短期内不会攻击你。但是小老虎在长大。它下次饥饿的时候,仅仅只长大了一点,却让你更加害怕,因此你去冰箱里拿出更多的肉来扔给它。在很长一段时间里,相同的情景重复上演。问题在于,你给它喂得越多,它就长得越大,也就越令你害怕。最终,小老虎长成了大老虎,令你感到空前的害怕。你继续去冰箱取出更多的肉,不停地喂它,希望某一天它会离开你,永远地离开你。但是老虎并没有离开——它的吼声愈发响亮,更加令人害怕,同时胃口也变得更大。最终有一天,你打开冰箱,发现冰箱空了,这时已经没有食物来喂养老虎了……什么都没有了……除了你自己!

(2)流沙的隐喻。

可以想一下我们看过的电影中的一些情景,当一个人陷入流沙或陷入沼泽地时,应该怎么做?是不是越挣扎陷得越快?陷入流沙和沼泽地里,最糟糕的行为就是挣扎。这时,应放弃挣扎,最好的方法就是平躺,张开胳膊和双腿,漂浮在流沙表面。如果把我们的负性情绪比喻成流沙,当我们陷入这些痛苦情绪的时候,我们拼命地控制它们,试图去消除它们,这就像在流沙里挣扎,只会越陷越深。

(3)与怪兽拔河。

想象一下你正与一头巨大的焦虑怪兽(可以根据具体的负性情绪进行命名)拔河。你用力拉着绳子的一端,而焦虑怪兽拉着绳子的另一端。在你和怪兽之间是一个无底洞。你用尽全力拉绳子,想把怪兽拉进洞里,但是你发现,你越用力,怪兽的力量也越大。就这样,你们两个僵在了这里。

当你僵在这里的时候,你的孩子想让你带他去公园玩,你也很想和孩子一起去玩。但是你想先把怪兽消灭了再去,你很想赢得这个斗争。所以,你拼命地去拉,而此时,怪兽的力量也在不断地加大。你无法陪孩子去公园玩。但是,此时你还有其他的选择,那就是放下手中的绳子。放下绳子,怪兽还在那里,但是你不再被抗争所捆绑，你可以腾出双手做一些更有意义的事情了。

（4）推文件夹。

这个活动可以由两个人一起做。首先准备一个文件夹，把你一直想消除的一些负性情绪写在上面。然后，把文件夹放在两个人中间，两个人的双手放在文件夹上，并且用力推，你想尽量把这些负性情绪给推开。你往同伴的方向推，而随后又被同伴推回来。就这样，你们两个一来一回地推着。

想一下，为了赶走这些负面的情绪，你付出了多少努力和精力。你尝试过听音乐、运动、阅读自助书籍、回避与人交往等方法，你多年来一直都在这么做：用力推啊，推啊。但是这些痛苦的情绪被你推走了吗？你的很多精力都放在了如何推开它们上，而没有精力去跟你爱的人交往、去学习、去工作。现在，你可以考虑把文件夹夹在自己的腋窝下面，或者放在一边，这样你就可以把以往用来消除它们的精力，重新用来做自己喜欢的事情了。

2. 具体的接纳技术

常用的接纳技术包括以下几种。

（1）物化练习。

这是最为常见的接纳练习，它的目标是把主观体验转化为可觉察的物理目标。首先，觉察一下令你不安的负性情绪，比如抑郁、焦虑、愤怒等；觉察一下这个负性情绪使自己的哪个身体部位最不舒服；把你的注意力集中在这个令你不舒服的地方，并觉察它，就像你是个好奇的科学家，以前从未见过这种情况；想象一下，把它想象成一个客观存在的物体，比如球、盒子、垃圾桶等；观察这个物体的颜色、构造、形状、重量、质地等物理性质；让该物体离开你的身体，与你身体的距离不断地发生变化，比如一米、两米……然后再不断地观察这个物体的颜色、构造、形状、重量、质地等物理性质，觉察这些性质是否发生了改变。通过这个练习，人们可以保持对情绪的接触与观察，而非逃避或压抑，从而达到接纳情绪的目的。

（2）把自己的情绪放到更全局的角度来思考。

大家都知道墨水或墨汁，一滴墨汁非常黑，但是当我们把这滴墨汁滴入一碗水里，就变得有些淡，如果滴到一盆水里，就基本上看不到黑了。我们的缺陷也是一样，如果我们的眼里只有缺陷的话，它就跟墨汁一样非常黑，而当我们把眼界扩展，从更广阔的角度来看时，它就不是一个问题。比如失恋，估计很多学生都有过失恋的经历，失恋的学生在走出痛苦之后，说："真不知道当初为什么那么痛苦，有那么多极端的想法，现在想想那个时候真的很傻、很天真，觉得对方就是自己的全部，没有了他自己就活不下去了。"为什么刚失恋的时候会有这种感觉，就是因为我们把爱情当成了全部，陷入失恋的痛苦之中不能自拔。而当我们从更广阔的角度去看待失恋时，就没那么痛苦了。从时间角度来看，失恋只不过是你整个人生中的一个小片段；从空间角度来看，失恋是你当下很多事情中的其中一件，恋爱一件事情的失利，并不代表你整个人生的失败；从人际的角度来看，你除了恋人之外，还有很多其他的关系。从时间、空间、人际等角度来扩大我们的心理空间，从而避免掉入负性情绪的陷阱不能自拔。

（3）将负性情绪同我们最珍视的东西联系起来。

将负性情绪同我们最珍视的东西联系起来，会使我们更容易接纳自身的反应和外部的困境。有个学生喜欢法学，立志成为一名律师，因此，高考填志愿时毫不犹豫地填报了著名的政法大学。他了解到该校的师资力量强大，法学教育资源丰富，因此对四年的大学生活充满了期待。但是，在他报到的第一天，他却非常失望，学校狭小的宿舍、落后的硬件让他觉得难以适应。尽管对硬件的失望给他造成了很大的困惑，但是学校非常好的法学教育资源对他更为重要，更利于实现他在职业上的价值，因此，他仍然可以带着对硬件的失望情绪，去追寻自己的梦想。

（三）运用接纳技术解决入学适应问题

我们通过一个具体案例来说明在实际中如何运用接纳技术。这是一个新生遇到的困惑，在我们的实践中，很多大一的新生都会遇到类似的困惑。

我是一名大一新生，来自山东省一个沿海小城。经过军训十几天的捶打磨练，和同学们度过第一次离家千里的中秋佳节，现在独自在寝室的我感慨万千：近一个月以来，我在努力地适应着从高中到大学的变化。众所周知，山东考生在高中时期所经历的学习生涯是充满紧张气氛的，每天晚上十点骑自行车回家已是常态。但毕竟是在家乡，哪怕是深夜，也还有家中的一盏灯为我留明。所谓的乡愁，大抵都是对父母的思念，而这种思念在大学、在军训基地、在中秋佳节之时尤甚。

所以我百感交集地给您写下这封短信，行笔的瞬间涌现出的都是家乡的风貌和父母的影子。对于家乡和亲人的思念，让我一时之间对大学与高中的变化处于一种茫然的状态。希望老师能够在百忙之中拨冗阅读，教我如何缓解乡愁、适应大学生活。

针对学生的这个问题，我进行了回复：

同学，你好！看到你的这个留言，我首先想到的就是余光中先生著名的诗歌《乡愁》。你的字里行间也流露着对父母、对家乡的思念，尤其是在中秋这种团聚的节日里。我也感受到你为了适应大学生活所做的努力，感受到了你的上进。你的留言也反映了大学新生在适应大学生活中遇到的两个主要的问题：如何缓解乡愁，如何更好地适应大学生活。

下面，我们就这两个主题进行回答。

1. 如何缓解乡愁？

首先，要理解乡愁是人的正常反应。离家千里，尤其是第一次离家千里，更尤其是在象征团圆的中秋佳节，很容易想念自己的父母、朋友和家乡，这是人的正常反应。从历史的原因来看，乡愁具有中国传统文化的背景，是在历史发展过程中凝练出的具有人文意味、历史情怀的文化象征。在中国历史上，以乡愁为主题的诗词歌赋可以说数不胜数；从个人的情感来讲，乡愁反映的是人们对于亲情的眷恋，是人对归属感需求的反应，也是我们精神的寄托。因此，无论我们离家多远，都无法阻挡我们的乡愁；再快的高铁，再便捷的通信都无法消除我们的乡愁。

其次，越消除越痛苦。就像上面所说的，乡愁是人的正常情感体验，这种情绪我们称为"纯净的痛"，是我们在对现实生活中的问题做出反应时我们感受到的最原始的不舒服。它是一种正常的、自然的、有益于健康的体验。这是人人都可能出现的适应性反应，并不是问题，问题是这样的状态很不舒服、很难过，我们往往会试图逃离这样的状态，回避这样的反应，从而形成第二重痛苦。

可以想一下我们看过的电影中的一些情景，当一个人陷入流沙或陷入草地的沼泽地时，应该怎么做？是不是越挣扎陷得越快？陷入流沙和沼泽地里，最糟糕的行为就是挣扎。如果把乡愁比喻成流沙，当我们陷入这些痛苦情绪的时候，我们拼命地控制它们，试图去消除它们，这就像在流沙里挣扎，只会越陷越深。正所谓"抽刀断水水更流，举杯消愁愁更愁"。

然后，可以试着与乡愁和平共处。既然乡愁无法消除，而且越想消除越痛苦，那么我们何不试着与乡愁和平共处？当乡愁涌上心头时，不去跟它作斗争，而是静静地看着它、感受它、体验它，然后带着它做我们该做的事情。

最后，我们可以升华乡愁的感觉。余光中先生著名的诗歌《乡愁》，就是用优美的文字把乡愁给具象化了，歌德的名著《少年维特的烦恼》，就是在他失恋后，把自己悲伤情绪的外化。所以，如果你有一定的写作能力，也可以把自己的乡愁转化为优美的文字；如果你有一定的画画水平，可以把乡愁转化成一幅幅美丽的图画，等等。

2. 如何适应大学生活？

到了一个新的环境，我们都需要适应。适应环境也有自己的规律，每个人的人格特点、心理发育水平不同，适应的能力也会不一样。有的人适应得会快一些，有些人适应得会慢一些。在你的留言中你也提到，你在努力地适应着从高中到大学的变化。其实，不用努力适应，慢慢适应就可以了。用力过猛，容易矫枉过正、过犹不及，容易伤及自身。

如果我们把大学生活过于理想化，而我们的理想和现实差距太远的话，我们就很难适应当下的现实，而产生较大的心理落差。由

第三部分 法科大学生心理素质提升的内容与方法

于现实的因素短时间内难以改变，由这个心理落差导致的痛苦就让我们难以接受，这个时候为了应对这个痛苦，我们就会启动防御机制以抵御痛苦情绪。在众多的防御机制中，有一种我们常用的就是退行，是指人们在受到挫折或面临焦虑、应激等状态时，放弃已经学到的比较成熟的适应技巧或方式，而退行到早期生活阶段使用的某种行为方式，以原始、幼稚的方法来应付当前情景，来降低自己的焦虑。而乡愁就是我们应用的一种退行的防御机制，暂时的、偶尔的退行是正常的反应，但是如果经常使用就会影响我们对当下生活的适应，那就是问题了。

那如何用一种更成熟的机制来适应当下的大学生活呢？

用非评判的、好奇的态度来接触当下的环境。如果我们大脑中事先对大学生活有一个标准要求的话，我们会拿着这个标准去评判当下的环境。幸运的话，这个标准与当下的环境正好适合，那我们就可以很好地适应大学生活了。但是这个幸运发生的概率往往比较小，这个时候我们就会对当下的生活产生很多负面的评价，从而使我们难以适应当下的生活。因此，首先要放弃大脑中的这些标准和要求，用一种非评判性的、好奇的态度来接触当下的环境，就像你是一个来自外星球的外星人，第一次看到这个环境，你对这个环境充满了好奇，促使你去探索这个环境，你可以去探索一下与我们四年学习生活相关的各个部门，比如教务处、学生处、校团委、就业指导中心、辅导员办公室、上课的教室等，它们在什么位置、它们的职能有哪些；你可以观察一下自己的舍友，看看他们有哪些好玩的习惯、有什么样的兴趣爱好；你可以多跟师兄、师姐联系，听听他们的建议。在这个过程中，你就会慢慢地熟悉当下的生活环境，找到应对问题的方法，并逐步形成自己的学习目标和大学规划，你就可以积极地利用现有的资源来提升自己了。

同学，让我们带着乡愁去探索当下的生活，然后明确自己的目标和方向，朝着自己的方向而努力吧！

五、真接纳与伪接纳

所谓的伪接纳就是把接纳当成了克服我们情绪、感受和想法的工具。

比如，失眠很痛苦，为了克服失眠，大家想尽各种招数，如数羊、喝牛奶、泡脚、运动、吃中药等。比如说数羊，有的人觉得数羊挺管用的，数着数着就睡着了。也有的人觉得不管用，一晚上数了几万只，也没有睡着，越数越兴奋。为什么数羊对有的人有用，而对其他人没用呢？这里关键的问题是，你是真数羊呢，还是假数羊。真数羊就是，我的目的就是数羊，我沉浸在数羊的过程中，脑子里还出现了各种羊的画面，这样数着数着就睡着了；而假数羊指的是你把数羊当成了克服失眠的工具，数羊是为了睡眠，数一会儿羊就回来问一下自己，睡着了没有，没有睡着就更着急，所以越数越兴奋。

其实睡眠是一个很自然的过程，是人体的本能需要。我们可以把睡觉比作落在你手上的鸽子，如果你动它一下它就飞走了，如果你不动它，它就站在那里不动。而对于失眠的害怕，导致了一种过度的睡眠意象，我们躺在床上的时候总是在观察自己，总是问自己：睡着没有，怎么还没睡着，即总是想去动一动这个鸽子，它自然就飞走了，离你而去。

真正的接纳就是把问题当成自身的一部分，把问题当成自己的朋友，带着朋友一起生活。尽管接纳的方法可以减轻症状，但其真正的目的并不是减轻症状，而是改变症状与我们之间的关系，以此提高心理灵活性。当你能忍受你的痛苦并通过开放和好奇来审视它时，痛苦常常已经变得不那么糟糕了。

第九章

明确价值方向

一、认识价值方向

（一）价值方向的概念

价值方向指的是在持续行动中期望表现出的总体特征。它是我们选定的生活方向，是我们行动的动力和源泉。比如，一个大学生的价值方向是成为一个知识渊博的人，那么他在四年的大学生活中，就会上课认真听讲、课下认真复习、参与创业创新项目、参加相关主题的报告讲座等活动；一个人想要保持一个健康的身体，那么他平时就会规律作息、每天坚持跑步锻炼、健康饮食等。从这两个人的价值方向里，我们可以看出这个概念包含了三个方面的内容。

第一，价值方向与行为有关。例如，上课认真听讲、课下认真复习、参与创业创新项目、参加相关主题的报告讲座；规律作息、每天坚持跑步锻炼、健康饮食等，这些都是行为，而且在价值方向的指引下，我们会持续不断地从事这些行为。因此，价值方向与行为有关。

第二，价值方向是这些行动中所表现出的总体特征。这两个人在这些行动中表现出的总体特征分别是"成为一个知识渊博的人"和"保持健康的身体"。那么这两个特征就分别是这两个人的价值方向。

第三，价值方向是自己的期望，也是自己的选择。"成为一个知识渊博的人"和"保持健康的身体"这两个价值方向是这两个人自己的选择，是他们自己期望表现出来的，并不是别人或社会规则等强加给他们的。这就像我问你"你喜欢什么颜色"，你的回答可能是"红色"。那再问你"你为什么喜欢红色"，你会回答"这是我的选择，没有为什么"。价值方向也一样，也是我们的选择，我们选择的价值方向对我们来讲就是完美的，没有对与错之分。

接纳承诺疗法把价值方向分了十二个领域，分别是家庭关系（除了婚姻或父母关系之外）、婚姻/伴侣/亲密关系、养育子女、朋友/社会关系、职业/工作、教育/培训、个人成长与发展、休闲/娱乐、精神生活、公民责任/社区生活、健康/身体自我照顾、环境/可持续性、艺术/审美。以下的例子是我在平时咨询或课堂练习过程中所收集的：

我想成为一个知识渊博的人并把这些知识分享给其他人；我想成为一个有责任心、能为恋人提供支持的生活搭档；我想成为一个孝顺父母的女儿、关爱弟弟的姐姐；我想通过做慈善和志愿服务来为更多需要帮助的人提供帮助；我想成为一个以诚待人、可爱的、富有同情心的朋友；我想了解世界的广大、自然的奥妙，体验世界各地不同的风土人情；我想成为一个能够坚持公平正义、为弱势群体争取权益的律师。

（二）价值方向的特征

1. 价值是方向，而不是目标

价值方向是指引我们行动的地图或指南针，它指引我们去做某件事情或某个行为，而不是拥有什么东西。目标是我们在价值方向上前进的每一个关键点,是沿着价值的道路可以获得的东西。假设我们的方向是往东走,那么目标就是在往东前进道路上经历的每一条河流或翻过的每一座山。比如一个学生的价值方向是孝敬和关心父母,而给父母打一次电话是这个方向上的一个目标,给父母打电话仅仅是这个价值方向上的一个行动或一个事件,并不能说我打了电话,我的价值方向就实现了,就可以结束了。因此,价值没有终点,它将指导我们的一生,而目标是具体的,可以实现的事件、情景或是事物,可以完成、可以拥有或结束。

2. 价值是过程,而不是结果

价值方向是过程取向的。价值体现在行动中,而不在任何特定的结果里。我在咨询过程中,经常遇到有同学问"人生最后的结果都是死,都要进坟墓,那人活着的意义到底是什么呢?"我想"滑雪"的隐喻可以很好地说明此问题:"假设你很喜欢滑雪。现在想象一下你为滑雪做好了准备,你爬上山顶,穿戴上你的装备,打算从山上滑下去。这时一个人出现在你面前并问你要去哪里,你告诉他你要去山下的度假小屋。随即他抓起你,把你扔进一个直升飞机里,一下把你带到了山下的小屋里。这样是滑雪吗?当然不是。滑雪并不仅仅是到达度假小屋,许多方式能帮我们到达小屋,除了坐直升机还可以坐索道等。因此,滑雪的目的不是到达山脚下,而是在于中间的过程,在于滑雪的体验:感觉刮在你脸上的风,你的转弯动作、你身体的飞速下降以及与大自然的接触。"我们的生活也是这样,我们并不是为了死而生活,而是体验从生到死的过程,这一过程中所经历的、所体验的才是我们的价值体现。

3. 价值是行为,而不是感受

价值更多的是从行为上来体现的,简单地说,价值就是你花费时间所做的事情的积累，而不是你对这些事情的想法和情感的积累。比如那个重视知识积累和能力提升的学生，他的价值方向体现在追求知识的许多行动中，比如上课认真听讲、课下认真复习、积极参与学术讲座、参与创新创业项目等。但在进行这些行为的过程中，并不总是一帆风顺的，会遇到各种障碍。因此在追寻价值方向的过程中，并不总是感觉良好的，有些时候甚至是痛苦的。但为了实现自己的价值方向，他愿意去承受这些痛苦，并通过各种方法来克服困难。如果他遇到困难、感觉不好时，他就不去行动了，他就放弃了，这就不是价值方向。

因此，追求良好的感受并不是价值方向。有的人在生活中会追求快乐、高兴、幸福等感受，但这不是价值方向。恰恰相反的是，那些一味追求幸福、快乐等良好感受的人，反而更加体验不到幸福。那些不追求生命的价值和意义，而只追求高兴和快乐的感受，他们通常只能获得一些相对浅薄、利己甚至自私的生活。比如，有些人为了追求快乐的体验、生理上的愉悦，不得不靠吸毒、酗酒以及滥交等。这样的生活其实并没有让他们更快乐、更幸福，狂欢之后依然是空虚、寂寞和无聊。

4. 价值是当下，而不是未来

只要我们选择了某个价值方向，那么当下的每个行为、每个时刻都是价值方向的体现。比如，有个学生把关心、孝敬父母作为自己的价值方向，那么他从现在起，就可以通过经常给父母打电话、自己勤工助学减轻家庭负担等行为来体现自己的价值，而并不是等将来自己有了钱、有了能力再去关心、照顾父母。

（三）价值方向的作用

价值方向是我们内心最深处所渴望的，它指导着我们怎样在这个世界上和他人，和我们自己交往。它指导我们在生活中怎样展现，怎样行为，做什么样的人，想要发展什么样的优点和品质。它对我们生活的影响具体表现在以下三个方面。

1. 价值方向是我们生活的方向和动力

价值是我们生活的方向。我们平时过着具体日子，做着具体事情，价值就是让你从这个局部中跳出来，看人生的全景，想明白人生中什么重要、什么不重要。你再回到局部中去，对于重要的就能看得准、抓得住，对于不重要的就会看得开、放得下，你仍过着具体日子，做着具体事情，但心态不一样了。

比如一位母亲，以家人的健康作为自己的价值方向，那么一日三餐、保持家里的卫生，这种年复一年、日复一日地重复劳动对她来讲就有了意义，而不是一个负担。如果没有价值方向的指引，我们就掉进了重复的生活模式之中，辨别不出什么对你来说是重要的，你就会发现自己没有能量、没有热情，即使你每天做着国家领导人做的事情，你依然会觉得生活没有价值，没有意义。

有位女士，在丈夫被提拔为某市的副市长之后，辞去了小学老师的工作，想专门在家照顾丈夫和孩子。但是没过多久，她觉得自己的生活越来越没有安全感，总是盯着丈夫的个人生活，闹得家里非常不和谐。在汶川地震后，该女士参加了志愿者，到灾区帮助那里的孩子。灾区的志愿工作让她体会到了自己工作的价值，回到家后，她重新回到工作岗位，并参加各种志愿活动，重新找到了自己的价值和意义，从此以后家里也太平了。

2. 价值方向是我们做选择的依据

人生充满了选择，从买什么颜色的衣服到选择什么样的工作、恋人，因此有人就害怕做选择，患上了"选择恐惧症"，每次走到一个岔路口，需要做抉择的时候总是辗转反侧，各种煎熬，而做出抉择后又时常后悔，觉得当初应该选另一条路。我们常说"人生即选择，选择即命运"。但这句话有些宿命论的感觉，让人觉得选择是被动做出的，存在着偶然性。其实，命运都是掌握在我们自己手中，只要我们明确了自己的价值方向，我们就会做出符合自己价值方向的选择，这个选择就是完美的。

价值方向能让我们在面对诱惑时做出正确的选择。对电影《西虹市首富》印象最深刻的是影片的最后一部分：夏竹被绑架后，王多鱼要不要拿出一千万去救她。在KTV唱歌的一段反映了他内心的纠结，毕竟300亿元诱惑力太大了；当最后他去救夏竹时，在楼梯上表现出对金钱依依不舍的痛苦。这些镜头都是人性最为真实的写照。如果镜头是王多鱼大义凛然，当即一拍桌子放弃300亿元去救夏竹，然后把一千万往老金面前一扔，这样的剧情才是"狗血"剧情啊。生活中我们面临形形色色的诱惑，我们也的确喜欢这些东西，这是人的动物性的一面，也是很正常的。但是人之所以为人，又有超出动物性的一面，那就是人有自己的良知，有自己的价值方向。所以人是动物性和良知的结合体，也决定了人既会体验到快乐、痛苦，也会体验到意义，而且这种意义是一种更高级的幸福，不仅仅是满足诱惑带来的快乐和高兴，而是实现自己价值方向所带来的满足。在面对诱惑，我们不能选择的时候，我们也会很痛苦。但我们不能被这种低级的快乐和痛苦所诱惑,我们必须明确自己的价值方向,带着抵制这些诱惑的痛苦,去践行自己的价值方向。那种体验远远超过那些低级的快乐。

3. 价值方向使我们愿意承受痛苦

只有高兴、快乐、幸福,没有痛苦和烦恼,这样的生活你想要么?我想告诉你,有一种人,可以只体验到高兴和快乐而没有烦恼,那就是一种精神病人,总觉得自己有超能力,没有自己办不到的事情,每天都听到大众在夸奖和赞美自己。这个世界是不完美的,人生不如意十有八九,价值方向就让我们愿意并且有能力来承受这些痛苦,比如,《史记》的作者司马迁,在遭受了宫刑的凌辱之后,仍旧保有写《史记》的使命。价值方向使他能承受这些痛苦,并在痛苦中完成了这部"史家之绝唱,无韵之《离骚》"的著作。

在微博上曾看到有位网友发了这么一段微博:他母亲前几年中风而偏瘫,这几年大部分的时间都躺在床上,靠药物减轻疾病的痛苦。她觉得自己的生活太痛苦,成了孩子的累赘,就想结束自己的生命。后来这位网友骗母亲说每天早上起不来床,上班总迟到,从此天刚微亮,她母亲就艰难地从床上撑起来,一瘸一拐挪到他门口,7点一到准时叫他起床。一年多过去了,这位网友从不在外过夜,就是为了帮母亲找到自己的价值。我想正是因为对儿子的这份爱,让这位母亲能够承受疾病带来的痛苦,做她认为有价值的事。

二、探索价值方向

价值方向为我们指明了前进的方向。一个人如果明确了自己的价值方向，并按照自己的价值方向生活，会全面地提升他的幸福水平和生活满意程度，并促进身心健康，提高恢复力，提升自尊，减少忧郁。因此，明确自己的价值方向对于我们的生活具有举足轻重的作用。一般来讲，我们可以通过两种途径来澄清和探索自己的价值方向。

（一）直接方法：测验法

接纳承诺疗法的专家设计了比较科学的价值方向评估量表，首先我们利用"个人价值调查问卷"来描述我们在不同领域的价值方向，该问卷改编自接纳承诺疗法创始人海斯教授在《接纳承诺疗法——正念改变之道》一书中所阐述的评估方法。

1. 个人价值调查问卷

下面是人们认为重要的几个生活领域。请你想想在每一个领域里你可能有哪些具体的目标和一般的生活方向。比如，你可能把结婚当成一个具体的目标，并把成为一个充满爱的伴侣作为一个有价值的方向。第一个例子，结婚，是可以完成的事情。第二个例子，成为一个充满爱的伴侣，却没有尽头。无论你现在多么地爱自己的伴侣，你总是可以变得更爱对方。即便你没有结婚或只是在一段关系中，你都可以朝着一个充满爱的伴侣这个方向努力。例如，可能会有一些方法让你自己更容易建立一段亲密关系，或使这段亲密关系更容易成功。不是每个人都有相同的价值，这个工作表并不是为了检查你是否有"正确"的价值。

在某些特定的领域，你可能没有任何价值或目标，你可以跳过这些领域。我们并不是问你现实中你可以得到什么，或是你和其他人认为你应该得到的。我们想知道的是在最好的情况下，你关心的是什么，你想做的是什么。

(1) 家庭关系（除了婚姻或父母关系之外）

在这个部分，请写出你想成为什么样的哥哥/姐姐，儿子/女儿或其他亲属。如果在此关系中你是最理想化的自己，请描述你会如何对待这些人。你想在这些关系中保持什么样的人格品质？你想与你的亲人持续做什么活动？

_____

_____

(2) 婚姻/伴侣/亲密关系

在这个部分，请写出在一段亲密关系中你想成为什么样的伴侣。请写下你想要的关系类型。请把重点放在你在这段关系中的角色上。

_____

_____

(3) 养育子女

现在或者将来，你想成为什么类型的父母？

_____

_____

(4) 朋友/社会关系

在这个部分，请写出对你来说成为一个好的朋友是什么意思。如果你有可能成为最好的朋友，你会怎么对待你的朋友们？请描述理想中的友谊。

_____

_____

(5) 职业/工作

在这个部分，请描述你想做什么类型的工作。可以很具体也可以很宽泛。(记住，你可以描述一个理想的世界)在写出你最想做的工作之后，写一写它为什么吸引你。接着，考虑一下，对于你的老板和同事来说，你想成为什么类型的员工。你想要怎样的工作关系？

(6) 教育/培训/个人成长与发展

如果你想继续深造，无论是正式的还是非正式的，或是参加一些具体的培训，写出希望参加哪些培训。写一写为什么这些类型的培训或教育会吸引你。

(7) 休闲/娱乐

讨论一下你想拥有的娱乐生活类型，包括兴趣爱好、运动和休闲活动。

(8) 精神生活

这个部分我们不一定涉及宗教。我们这里提到的精神生活可以是你认为的任何事情。可以是很简单的，比如和大自然沟通，或者很正式的，比如参加一个正规的宗教团体。任何你认为的精神生活都是可以的。如果这是一个重要的生活领域，请写出你希望它是怎样的。如果相比较于其他生活领域，这个领域并不是你价值中重要的组成部分，请跳到下一个部分。

(9) 公民责任/社区生活

对一些人来说，参与社区事务是生活的重要部分。比如，有些人认为自愿帮助那些无家可归的人或老年人，向各个层级的政策制定者提意见，成为保护野生动物的团体中的一员等。如果这类社区导向的活动对你来说是重要的，请写出你想参加哪些领域的活动以及这些领域里的什么吸引了你。

_____

_____

(10) 健康/身体自我照顾

在这个部分，写下与保持身体健康相关的价值。请写出于健康相关的问题，比如睡眠、饮食、锻炼、吸烟，等等。

_____

_____

(11) 环境/可持续性

在这个部分，写出你在可持续性发展领域和对地球的关心，尤其是自然环境方面的价值。

_____

_____

(12) 艺术/审美

这部分包含了对你而言有意义的价值，在美术、音乐、文学作品、工艺品或世界上其他文学形式方面的追求相关的价值——不管是你给自己做的，还是你所欣赏的其他人的作品。

_____

_____

2. 价值方向评估量表

接下来，我们引用海斯教授在《学会接受你自己——全新的接受与实现疗法》一书中所阐述的评估方法，对你的价值方向进行分级评价，这样你就会更加清楚哪些价值方向对你来说是最为重要的。

首先，在"价值方面"一栏里写下每个领域内自己最为重要的价值方向。可以结合"个人价值调查问卷"的练习进行。比如在家庭关系（除了婚姻或父母关系之外）领域中，你的核心价值方向是孝顺；在教育/培训/个人成长与发展领域中，你的核心价值方向是有知识、有能力。在做这项练习的过程，可能你会发现，有些领域对你很重要，有些则不然。如果的确有什么领域是你想不出任何内容的，可以直接跳过去。

其次，现在从两个方面对每个领域进行分级。首先，问问自己，这个具体的领域现在对你有多重要，从1～10来划分其范围，1代表根本不重要，10代表非常重要，然后在"重要性"一栏里记下你的得分。然后，根据你的实际举动来给每一个领域分级。在1～10的范围内，你现在在多大程度上以这样的价值方向在生活？1表示在我的行为里根本就没有展现出这样的价值，10表示我的行为充分彰显了这一价值方向。然后在"彰显度"一栏里记下你的得分。

最后，用重要程度的得分减去实际行为的得分，得到的分值就是"生活偏离度"的分值。最右边的得分可能是最重要的。分数越高，说明你的生活在该领域越需要根据自己真正想要的内容而做出改变。在"生活偏离度"里得到高分是痛苦的标志和来源。见表8.1。

表 8.1 价值方向评估量表

领域	价值方面	重要性	彰显度	生活偏离度
家庭关系（除了婚姻或父母关系之外）				
婚姻/伴侣/亲密关系				
养育子女				
朋友/社会关系				
职业/工作				
教育/培训/个人成长与发展				
休闲/娱乐				
精神生活				
公民责任/社区生活				
健康/身体自我照顾				
环境/可持续性				
艺术/审美				

例如，重视个人成长的大学生，价值方面的描述是成为一个有知识、有能力的人，其重要性为10，而在过去一个多月里，他的行为充分彰显了这一价值，比如认真上课、课下认真复习、参加了三次专业领域内的讲座等，那么"彰显度"这一项上也为10，其"生活偏离度"就为0，说明在过去的一个月里他很好地践行了自己的价值方向，那么他的生活也是充实而有意义的。而如果他在这一个月里并没有表现出任何价值行为，那么"彰显度"上为0，其"生活偏离度"为10，说明该学生需要根据自己的价值方向来调整自己的行为。

（二）间接方法：体验法

1. 参加自己的"葬礼"

当自己的人生盖棺定论时，你希望获得的评价，才是你这一生真正的愿望和方向。参加自己的"葬礼"是一个想象练习，因此不需要遵从逻辑和科学规则。具体的程序是这样的："现在我想让你想象因为命运的阴差阳错，你虽然已经死了，但是你的灵魂可以参加你的葬礼。你现在正在观看和倾听来自你的妻子、你的孩子、你的朋友、你的同事等对你的悼词。想象在那样的情境下，你希望他们怎么形容你？你希望你因为什么而被他们所记住？"通过总结分析，可以发现自己最为重视的价值方向。

以下一段节选自我在咨询过程中的一个练习：

咨询师："你期望哪些人会来参加你的葬礼？"

来访者："我看到了我的父母、妻子、儿子，还有我的同事。"

咨询师："好，那现在他们依次发表悼词，你希望在他们的悼词中他们是怎么来评价你这一生的？"

来访者："首先，是我的妻子，她认为我这一生是一个充满爱的、忠诚的、体贴的丈夫；我的儿子认为我是一个有责任心、能担当的好父亲；我的父母认为我是一个孝顺的、能为他们提供支持的好儿子；我的同事认为我是一个善于合作的、有能力的同事。"

如果你在这个练习中想到的都是一些具体的行动的话，可以总结一下这些活动的特征，这些特征就是你的价值方向。

布鲁克斯在他的著作《品格之路》里提出了"悼词美德"与"简历美德"的概念。"悼词美德"就是你灵魂深处希望自己拥有的那种美德，也就是我们这里所讲的价值方向；"简历美德"就是你在简历上列出的丰功伟绩，拿到别人面前炫耀的美德，也就是我们所讲的目标。布鲁克斯认为：幸福是我们在追求道德目标和培养高尚品格的过程中意外收获的副产品。为什么我们有的时候会感觉到迷茫？为什么赚了那么多的钱，却感觉不到快乐？那是因为，我们虽然获得了事业的成功，赚到了很多的钱，却并不幸福，我们有的时候，走着走着就忘记了"初心"，忘记了培养自己的高尚品格。

有些人在做这个练习时会产生不舒服的感觉，这时可以换一个类似的练习，即"八十岁生日聚会"。这个练习跟"参加自己的葬礼"的区别就在于想象的情境不同，由参加自己的葬礼变成参加自己的生日聚会，可能会容易让人所接受。

2. 回想儿时的梦想

很多人在小时候的作文课上都会写过一个作文"我的梦想"，有的人梦想长大后成为科学家，有的人梦想成为老师、医生等。有些人认为那个时候是小孩，不懂事，只不过随便想想而已，殊不知其实这些梦想才是自己发自内心的、最纯真的想法。他们的力量不容小觑。迪士尼动画电影《疯狂动物城》里的朱迪兔向我们演绎了一个在梦想道路上勇于尝试一切、让人敬畏的精神，朱迪从小就梦想能成为动物城市的警察，而身边的所有人，包括她的父母都觉得兔子不可能当上警察，但她还是通过自己的努力，跻身到了全是大块头动物的警察局，成为第一个兔子警官。这就是梦想的力量，在追逐梦想的道路上虽然困难重重，但是梦想能让我们有勇气克服困难，承担压力，真真切切地体会到活着的价值和意义。

但是，有些人从小就在父母的控制下生活，不得不放弃自己的梦想和爱好，以父母的期望、社会赞许作为自己生活的目标和追求的方向。父母"控制"我们的理由主要有以下三点：一是认为小孩子不懂事，我这样做都是为了你好，为了你少走弯路；二是有些父母年轻时也有自己的梦想和抱负，但由于种种原因无法实现，只好把这个愿望寄托在孩子身上，让孩子帮自己实现愿望；三是更有甚者，父母完全是为了自己的面子而强求孩子必须选择自己认为体面的工作。这样的生活使得他们找不到自己的价值方向，虽然在某一些领域取得了优异的成绩，但是依然空虚和孤独。

"儿时的梦想"这个练习，可以帮助我们重新发现自己的愿望和梦想，并明确自己的价值方向，我们可以这样问自己："由于一些原因你不得不放弃原先的梦想和愿望，你还能想起这些愿望和梦想是什么吗？""如果必要的话，也许要回到儿童时期。在那个时候，你的愿望是什么，你最想成为什么样的人呢？"

这时候，我们的回答可能是科学家、医生、教师、警察等。注意，这些都是目标，而不是价值。但这个目标是与价值方向相一致的，可以再结合这个目标来探索价值方向。例如，有人说他儿时的愿望是成为一名教师，但是他没有实现。然后继续问他："为什么想当老师呢，你最看重老师的哪些方面？"通过这一问题来明确他的价值方向，例如，他可能回答是为了帮助别人，而"帮助别人"才是他的价值方向。那么现在虽然我们没有成为一名教师，但是我们依然可以用"帮助别人"这个价值来指导当下的行动，例如做一名志愿者等。在这里，"做一名老师"是一个目标，而"帮助别人"是价值方向，实现这个价值方向的路径可以有很多，并不一定只有成为教师一个途径。

3. 买彩票中了大奖

假如有一天你买的彩票中了十亿元，你会怎么花？电影《西虹市首富》上映以来，这个话题成为大家讨论的热点。那现在请你考虑一下假如你中了一笔十亿元的大奖，你会用它做什么？谁会在这儿与你分享这些活动或欣赏你所买的东西？你会怎么对待这些与你一起分享生活的人？

我的一位来访者是一位母亲，她在做该练习时觉得，自己如果有了十亿元，最想做的事情就是给自己儿子最好的教育。"给自己儿子最好的教育"也是一个目标，这个目标背后所反映的价值方向就是她希望成为一个有爱心、能让儿子健康成长成才的母亲。价值方向并不是未来的，即并不是等自己真的有了十亿元才去践行，而是当下的，即这个母亲在当前就可以根据自己的条件践行自己的价值方向，比如学习育儿知识、陪孩子一起学习、给儿子选择好一点儿的学校、给孩子买图书等，这些行为都是其价值方向的体现。

因此，我们在任何条件下都可以来践行自己的价值方向，并不是等有了钱、有了权，等条件变好了后，才可以去践行。在恶劣的环境中我们一样可以践行自己的价值方向，比如抗日战争时期的共产党人，即使被捕入狱经受严刑拷打，依然不会出卖自己的同志，这就是价值的力量。奥地利著名心理学家弗兰克尔"二战"时期被纳粹关入集中营，他根据自己的经历创立了意义疗法。有一次他和一批人找到了出逃的机会。但当他经过一个自己曾经设法救助但仍旧奄奄一息的病人床前时，病人抬起头看着弗兰克尔，对他说："你也要逃出去了？"弗兰克尔当时内心感受到了强烈的震动。最终他改变了主意，留下来继续照顾他的病人。他感受到一种从未体会过的内心平静。

如果弗兰克尔能在人类所经历过的最严酷的条件下体会到平静的感觉,那么对我们普通人来讲,不论我们经历什么,都有能力过上一种富足而充满意义的生活。富足和充满意义的生活,不是指没有痛苦,也并不是用物质的标准来衡量,而是按照自己的价值方向去生活。我的一位来访者是位残疾人,由于车祸失去了双腿,这让他痛苦不堪。最让他痛苦的是他原先喜欢打篮球,但是现在没有了双腿,他再也不能打篮球了。我问他:"你为什么喜欢打篮球?"他回答说:"他喜欢跟队友一起在场上合作打拼的感觉。"那现在换一种运动,比如轮椅篮球不是一样可以实现自己与队友一起在场上合作打拼的价值吗?

4. 探寻内心的痛苦

请你想一下,你是否对所有的事情会产生情绪反应?如果是的话,我们的负担就太重了。你只会对某些事情特别在意,而有些事情就不会放在心上。对于那些你特别在意的事情,你就会产生相应的情绪反应,比如一个母亲,当自己的孩子取得优异成绩的时候,她会很高兴,当孩子失败时她会很焦虑。所以,让你痛苦的事情恰恰是你最为重视的,也是你的价值方向的体现。

一位大学生来访者,因为处理不好宿舍人际关系前来咨询。她觉得她被宿舍里其他几个姐妹忽略,比如,她们几个经常一起吃饭而不叫自己;在上课的时候,她们几个一起互相占位坐在一起,而没有自己的位置。因此感到非常痛苦。她之所以痛苦,是因为她重视人际关系,需要在宿舍这个人际关系中被接纳。

所以,当你痛苦时,看一看是什么事情让你痛苦了。在这件事情中,你想保持什么样的个人品质,你想采取什么样的行动。在关系中,包括与父母、兄弟姐妹、子女、夫妻、朋友等,我们需要关注的是,你想成为什么样的人以及你希望对这些关系有怎样的贡献。因为在一段关系中你唯一可以控制的是你的行为方式。你不能控制其他人的想法、情绪和行为。当然，你可以影响他们，但你不能控制他们。那么影响他们的最好方式是什么呢？当然是用符合你的价值方向的行动。

例如，这个被忽略的大学生，她需要宿舍同学接纳她，这是一个目的，不是价值方向。我们可以再继续问她："假如现在你的这个目的达到了，宿舍同学接纳了你，跟你一起吃饭一起上课，你会怎么对待她们呢？"她可能会回答："如果这样的话，我也会乐于支持和帮助她们，容纳和体谅她们的一些缺点。"在这里"乐于支持和帮助、容纳和体谅缺点"就是她在这个人际关系里的价值方向，我们可以鼓励她首先按照自己的价值方向去对待宿舍的姐妹，用自己的行为去影响她们。同时她可以请求她们改变，并告诉她们她愿意接受和不愿意接受的行为。这样，她们则更有可能答应她的请求。如果她因为同学的行为而对她们产生怨恨，并不断指责她们，那么也就很难得到其他同学的接纳了，这段关系将陷入恶性循环。

当然，如果她真实地遵从自己的价值方向去行动，并提出了自己的请求和愿望，但她的宿舍同学仍旧对她不好，那么少和她们在一起则是明智的。毕竟，她的价值方向也包括照顾自己的健康和安宁——这也是她需要考虑的。她甚至可以申请换一个宿舍或自己租房子住。记住：乐于帮助、支持与接纳缺点并不是让自己受侮辱。

5. 思考自己的榜样

在价值方向的探索过程中，有些人可能不愿意直接谈论价值方向，或者谈起价值方向时，并没有任何的想法，但他们可能愿意探讨自己更佩服什么样的人或欣赏什么人的生活。

首先，我们思考一下自己的榜样，说说自己最敬佩的人是谁。在实践中我们发现，人们所敬佩的人是非常广泛的。他们有的来自身边的同学、好朋友，有的来自自己的家庭，当然也有来自在国家和国际上比较有地位的人，他们在经济、政治等领域取得了令人瞩目的成就。然后讨论这些人的哪些方面是我们最为佩服的，这些方面一般来讲就反映了我们的价值方向。比如有的人以自己的父亲作为榜样，他之所以最敬佩自己的父亲，是因为他觉得父亲对家庭有责任心、有担当，那么"有责任心、有担当"就是他的价值方向；还有的人把马丁·路德·金作为自己的榜样，最佩服他的致力于公民权利和正义的高尚品质，那这就是这些人的价值方向；有的人会把雷锋作为自己的榜样，他最看重的是雷锋的助人精神；有的人会把自己的同学作为自己的榜样，是因为他觉得同学对人热情、有耐心，那么他在人际关系中的价值方向就是热情、有耐心。

但是要警惕那些把外在成就作为追求的人，比如有些人之所以佩服马云、王健林等成功人士，是看重了他们的风光和社会地位，这些就不是价值方向。我们可以顺着这些继续探讨，比如可以问："如果这些你都实现了，你的生活会发生什么变化，你会做些什么？"

6. 不能说的秘密

当我们在探索自己的价值方向时，会受到父母期望、社会文化等外界因素的影响，从而分不清这个价值方向是自己真正想要的还是父母期望的或者社会强加的。这时可以借助"不能说的秘密"这个练习帮助我们了解，在放下外界评判之后，自己真正在乎什么。

比如，一个学生提出了积累知识、提升能力的价值方向。我们可以这样继续问他："想象一下如果你有机会继续你的学业，但是你不能告诉任何人你获得了这个学位。你是否还想去完成这件事情？"或者"要是妈妈和爸爸永远都不知道你继续接受教育：你是否还那么重视它？"。

这个练习还可以跟"照镜子——自己和自己对话"技术结合起来使用。"假设没有人会知道，事情只是在你和镜子中的你之间发生。你想成为什么样子？假设没有人会知道，不会有任何喝彩声，没有人会对你的选择做出评判，这里只有你和自己的对话。你真正想在人生中得到什么？"

三、明确价值方向后，可以采取哪些努力

价值方向给我们的生活指明了方向，并给了我们生活的动力。那么，我们在具体的生活中如何践行自己的价值方向呢？那就应该采取行动了。充实且有意义的生活不会因为你明确了自己的价值方向后就自动发生，需要通过在价值方向的引导下采取行动来实现。首先，我们要在价值方向的指引下制订目标，然后采取具体行动来实现自己的目标。价值方向、目标和具体行为的关系，可以用图9.1来表示：

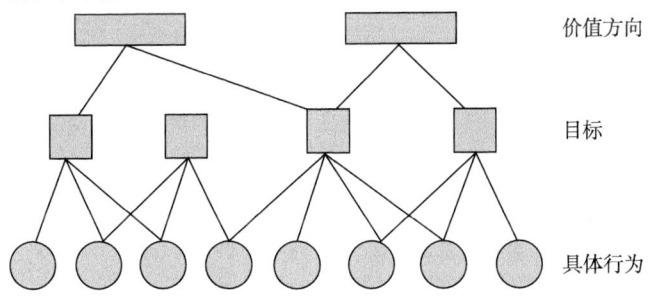

图9.1 价值方向、目标和具体行为的关系

最上层的长方形为价值方向，中间的正方形为目标，最下面的圆为具体行为。我们看到，一个价值方向下可以有很多不同的目标，同一个目标也可以为不同的价值方向服务。目标与行为之间的关系也是如此。

目标是指追求某一特定价值过程中的某些特定成就。目标应该是具体的、有意义的、合适的、现实的以及有时限性的。根据时间和条件限制，目标又分为长期目标、中期目标和短期目标。例如，一个学生的价值方向是成为一个有知识、有能力的人，在此价值方向的指引下我们可制订一系列的目标，比如长期目标是完成大学学业，短期目标是本学期选修5门专业课程、参加4次学术讲座、申请创新创业项目等。那为了实现申请创新创业项目这一目标，需要哪些具体的行为呢？比如注意相关网站的信息通知、收集相关资料、联系同学成立小组等。

有的人会说："我每天也知道我应该做什么，但是我就是拖着不做，不到最后一刻绝不行动，这该怎么办？"不知道什么时候，拖延症好像成了一个流行词，有的人甚至称自己为"拖延癌"。人为什么会拖延？因为拖延给我们带来了好处，可以让我们暂时避开那些不想面对的压力。因此，适当的拖延是可以的，那些不会拖延的人，不能让事情过夜的人，他们可能活得很焦虑，容易患上焦虑症。但是，如果拖延成为你的一个行为模式，已经严重地影响了你的社会功能，你陷入其中不能自拔的话，那就成了一个问题。造成这个问题的原因有两个：一是你不明确自己的价值方向，没有动力去行动；二是你知道自己的价值方向，但是在行动的过程中遇到了障碍。

四、努力后是否取得成功,这重要吗?

很多人认为实现目标就是成功。他们相信实现目标对于生活幸福和满足是至关重要的。为了快乐,他们努力获得自己想要的东西,甚至不择手段,任何令人恶心的事情都可能做得出来。但是,这样的生活并没有达到令他们高兴快乐的目的。那我们应该如何看待成功呢?我们先来看一个咨询片段,该片段节选自罗伯特所著的《用ACT对待焦虑》一书。

咨询师:"你说你敬佩马丁·路德·金博士,在你看来,他的生活是什么样呢?"

来访者:"为这个国家的少数人挺身而出;看到他们拥有同样的公民权利并和其他人一样被同等地对待。"

咨询师:"他实现了这个目标吗?例如,因为金博士的缘故,这个国家的黑人像白人一样得到同等的对待吗?"

来访者:"没有,没有完全这样。"

咨询师:"所以你肯定觉得金博士的人生是失败的。因为他从未实现他的目标。"

来访者:"不,虽然还有许多工作需要去做,但是他取得了进步。"

咨询师:"所以我猜你可能会想到成功至少有两种不同的方式。定义成功的一种方式是通过实现特定的目标,如保证少数群体的公民权利。另一种你认为的成功的方式是追寻你的梦想、价值和愿景,即使你从未到达那里,就如同金博士'我有一个梦想'的演讲。哪一种方式去思考成功对你来说更有益呢?"

来访者:"你刚才描述的第二种方式。"

咨询师:"你是否可以把同样的思考成功的方式运用到对你的生活重要的价值和目标上?"

从这个咨询片段中我们看出,定义成功有两种不同的方式,一种是认为实现特定的目标就是成功,另一种是追寻你的梦想、价值和远景,即使你从未到达那里。